化解青春期的衝突
叛逆不叛心

建立平等關係 × 灌輸正面價值……
以「理解」代替「對抗」，成為孩子成長的引路人

青春期不只是孩子的必經路，更是父母的必修課！
**解析心理需求與動機，
讀懂孩子的「叛逆」**

適度放手、尊重信任、練習傾聽、理性應對……
化解青春期的反抗，擁抱「矛盾又彆扭的愛」！

潘苑麗 著

目錄

前言

上篇　理解叛逆，做智慧父母

- 013　第一章　心理學視角：探索叛逆期的成因
- 045　第二章　需求導向：揭開孩子叛逆的心理動機
- 075　第三章　智慧應對：理解叛逆，助力孩子成長
- 101　第四章　親子溝通：化解叛逆的關鍵

中篇　正向互動，培養孩子核心能力

- 129　第五章　快樂成長：理解孩子的生活習慣
- 151　第六章　樂學習慣：幫助孩子愛上學習
- 171　第七章　積極社交：指導孩子健康人際互動

下篇　父母從容，孩子心理更健康

- 193　第八章　強大內心：培養孩子的好心態
- 211　第九章　塑造性格：適度放手，成就好性格
- 225　第十章　品德養成：引導孩子擁有優秀品性

目錄

241　第十一章　正面情緒：用耐心疏導孩子的情緒
261　第十二章　和諧親子：慈愛有度，建立良好關係

前言

撫養孩子長大成人需經歷一個漫長的過程，途中父母會遇到很多困難和障礙。在這重重障礙中，叛逆期就是路上的一座高山。

何謂叛逆期？我贊成網路上的這個定義：「青少年正處於心理的過渡期，其獨立意識和自我意識日益增強，迫切希望擺脫成人（尤其是父母）的監護。他們反對父母把自己當成孩子，而以成人自居。為了表現自己的『非凡』，他們也就對任何事物都傾向於批判的態度。」

叛逆期，孩子都會有什麼表現呢？不聽話，不認真讀書，做事不積極，回到家裡拚命玩遊戲，無法溝通、十分固執，還有拒學逃學、成績下滑、輟學在家、離家出走⋯⋯。這時候的孩子還沒長大，覺得自己很有理，處處喜歡跟父母作對，不服管教，不聽話，這些都是叛逆期的表現。

叛逆期是孩子從兒童時期走向青年時期的過渡時期，也就是從幼稚走向成熟的一個中間階段，看看你家孩子有以下這些表現嗎？

前言

一、頂嘴

父母說的完全沒道理,必須大聲頂嘴;

父母說的有點道理,必須找沒道理的部分頂嘴;

父母說的完全有道理,必須故意曲解父母的意思頂嘴。

總之,頂嘴不是目的,只是一種方法,用來表達「我有自己的想法」的意思。

二、吐槽

吐槽父母——嘮叨、不理解我們孩子、過時、什麼都不懂……。

吐槽老師——上課偶爾說錯話、態度不好、回家作業多……。

吐槽電視劇——劇情狗血、人物造型太醜、畫面不好看、配樂難聽……。

吐槽課外書——情節不合理、印刷不精美、還會發現錯別字……。

吐槽各種社會現象——司機和行人不遵守交通規則、小攤販占道經營……。

吐槽,只是想用批判的態度,表達我的「非凡」,並證明我已經像大人一樣,有自己的「話語權」了。

三、喜歡說流行語

各種網路流行用語過目不忘,信手拈來,在口語中運用自如。有時候,孩子說的話,父母根本聽不懂,只好虛心向他們請教,或者事後去查網路。孩子們喜歡說網路流行語,是想要表達「我已經長大了,和社會接軌了」的意思。

四、宅

孩子小時候是媽媽的跟屁蟲,去菜市場、去超市、去銀行、去車站接人……,不管媽媽去哪裡,他們都會如影隨形。

到了叛逆期,孩子再也不願意跟著媽媽去這裡去那裡了。不願和父母一起去散步,理由──無聊。

不肯陪媽媽去菜市場,理由──沒意思。

拒絕去公園踏青、划船、放風箏,理由──幼稚。

不想跟媽媽去超市和逛街,理由──不想去。

喜歡宅在家裡,打打遊戲看看書,甚至寧願躺在床上、沙發上望著天花板發呆,也不願跟父母出門。

五、嫌嘮叨

在所有可能引起孩子激烈對抗的行為裡,「媽媽嘮叨」絕對排在第一位。不重要的話,最好不要說;有點重要的話,說一遍就好了;很重要的話,可以說兩遍;非常重要的話,最多說三遍。超過三遍,孩子必然暴跳如雷,反應激烈,不但不聽,

前言

還一定要作對。這時候的孩子認為,只有小孩才需要再三叮囑,而他們已經「長大」了,自己知道該做什麼,不需要反覆提醒,再三嘮叨。

六、煩躁

有時僅僅因為一件小事,他們就會情緒失控,歇斯底里地大發脾氣。叛逆期的孩子缺乏理智,情緒波動比較大,情緒控制能力比較弱,就像心裡住著一頭熊,隨時都有「熊熊怒火」在燃燒。

七、死要面子

在同齡人面前,面子比天大。為了面子,可以忍常人所不能忍。所以,如果父母敢拂了他們的面子,你就等著瞧吧!叛逆期的孩子,注重自己的形象,在乎別人的眼光,「死要面子活受罪」這種事情,絕對做得出來。

八、老爸!老媽!

不知道什麼時候起,孩子再也不肯甜甜地叫父母「爸爸」、「媽媽」了,開口閉口都是「老爸」、「老媽」。有時候還是這樣的聲調:「老──媽。」孩子的想法也許是這樣的:「媽媽比我大三十歲,這是固定不變的,所以媽媽老了,我就大了⋯⋯。」

九、遷怒

孩子容易被新聞或者故事裡的父母虐待孩子、忽視孩子的情節煽動,產生同理心,隨之遷怒於父母:「你們大人就是這

樣……。」然後，覺得委屈，進而生氣，好半天不理父母。

　　以上就是孩子在叛逆期的表現，父母可以對比看看自己的孩子占了幾條，有 5 條以上的表現時要及時和孩子進行溝通，調整好他們的心理狀態，幫助他們從幼稚走向成熟。

　　孩子在掙扎著長大，需要他人對自己的認同；他們的自我觀念正在形成，思想的形成階段，最容易受影響。所以，面對孩子的叛逆，父母要認清事實的真相，並不是誰叛逆了誰，頂多只是一個倔強的孩子正悄悄地「離開」父母而已。

　　父母可以感到痛苦，但完全沒必要憤怒。如果他們走向正確的方向，父母就該以生命傳遞者的心情樂觀其成；若他們誤入墮落的深淵，父母就該立即趕過去，把他們拉出來。

前言

上篇
理解叛逆,做智慧父母

上篇　理解叛逆，做智慧父母

第一章
心理學視角：探索叛逆期的成因

叛逆期是孩子成長的必經階段

進入叛逆期的孩子，容易出現較大的情緒波動，遇到事情時容易暴躁，有的孩子甚至還會離家出走、自殘。親子之間難以進行順暢的溝通，父母和孩子都會陷入痛苦和困惑中，甚至覺得疲憊不堪。其實，叛逆期是孩子成長的必經階段，每個孩子都無法跳過。對於這一點，父母一定要用正確的心態去面對。

一大早，周女士就在辦公室裡抱怨，說這個週末被兒子氣得半死。其實事情也不嚴重，就是孩子週末去上樂高課，下課時非要買一個玩具不可。

周女士苦口婆心跟兒子講：「你這一模一樣的玩具我都能找出來三四個，沒必要買那麼多。」

兒子說：「怎麼沒必要，你的那些盲盒娃娃為什麼買這麼多？」

周女士又好氣又好笑：「那我每個月也就買一次，你也是一樣，這個月的額度你已經用完了。」

> 上篇　理解叛逆，做智慧父母

一看買玩具不成功，兒子氣呼呼地跺著腳說：「用完了你就說用完了，說什麼沒必要。怎麼就沒必要？哼！」

周女士一看他沒道理還發脾氣，就說：「我還沒說你呢，剛剛老師在上課，你在旁邊晃來晃去，根本沒聽，還跟我要玩具呢。」

結果兒子說了一句：「別說這個，這兩件事有什麼關係？你就說，為什麼說我的玩具沒必要買？」

周女士一口悶氣憋在胸口──這小子什麼時候變得這麼盧了？

看到一直都聽話的孩子，突然喜歡跟自己作對，變得異常叛逆，很多父母都大發感慨，甚至感覺有些力不從心。其實，處於「心理斷乳期」的青少年，渴望被別人當作大人對待，這種心理需求無法被滿足，他們就會變得氣餒，繼而心生叛逆。

這時候的孩子，想方設法擺脫父母的監護，確立自我意識；渴望得到別人的承認、理解和尊敬，獲得自我認同感。

但是，叛逆期的孩子閱歷不多、經驗不夠，還無法贏得外界的一致欣賞，自然也就無法獲得穩固的自我認同感。為了引起別人的注意，他們就可能在內心的激烈衝突下做出一些相對不穩定甚至過激的事情；為了顯示自己獨特的個性，他們會言行古怪，甚至有些不通情理，讓父母感到無招架之力。

其實，叛逆期是孩子成長的必經階段，只要了解了這一時期孩子的特點，父母就會輕鬆很多。

第一章　心理學視角：探索叛逆期的成因

一、2～4歲，小雞蛋也想碰塊大石頭

2～4歲的孩子，經常會出現不聽話的現象，忽視父母的說法，你說你的，他做他的；有時父母看到孩子不理自己，情急之下，會吼孩子；有的父母性子比較急，看到孩子不聽自己的指揮和命令，甚至還會給孩子幾巴掌，打得孩子哇哇大哭；有的父母讓孩子做某件事，如果孩子拒絕或堅持自己的想法，氣急敗壞的父母甚至還可能責罵或乾脆暴打一頓。這個年齡層的孩子就像裹著堅硬外殼的「雞蛋」，任憑父母如何用力，雞蛋都不會破。

這種現象的出現，通常有下列幾項原因——

原因1：孩子想要表達自我。

2～4歲的孩子，說話已經不再咿咿呀呀，不會讓大人不知所云，他們大致能表達自己的內心世界。這時候，他們已經具備一定的思維，會用自己的話來對自己看到的事物進行描述，即使有時會誇張一些，也依然會堅持向父母表達內心的想法和要求。由於孩子掌握的詞彙量少，難以將他們的所思所想都清晰地表達出來，而父母若缺乏耐心、不認真觀察、不了解孩子的想法，就會錯誤地理解孩子的本意，南轅北轍，繼而引起孩子的不滿。

而有些自我意識比較強的父母，更不會任由孩子「不聽話」。如果孩子不聽自己的勸說，他們就會用打罵的方式，逼孩子就範。可是這時候，已經具備一定表達能力的孩子，不再願意受父母的「擺布」了。

原因2：父母忽視了孩子的遊戲心理。

2～4歲的孩子有著典型的遊戲心理，父母不讓他們去做的事情，他們反而覺得好玩。比如，父母覺得牆上的插座很危險，為了讓孩子免受觸電的危險，都會教育孩子不要碰。可是，這時候的孩子卻是父母越提醒，他越要碰，要麼用手摳，要麼用東西插進去。

原因3：孩子的思維都是單向的。

這個年齡層的孩子的思維都是單向的、不會轉彎，想什麼就是什麼，無論父母如何勸阻，他們都會按照自己的想法去行事。面對孩子的這種不可逆轉的想法，為了擺脫眼前的困境，有些父母只能冷處理或裝看不到，或採用拖延的方法。比如，孩子走到樓下，發現把玩具落在家裡了，你說：「我們已經到樓下了，下次再拿吧」，孩子卻偏讓你上樓去拿，怎麼辦？再如，幾個孩子一起玩，你家孩子護著自己的玩具，不讓其他孩子玩，一旦他人動了，他就要爭搶，場面無法控制。

自我表達、遊戲心理、單向思維，就是這一時期的孩子的典型特徵，而這些特徵都是引發孩子叛逆的原因。因此，父母要冷靜對待，不要太急躁，也不要太焦慮。

二、7～9歲：親子之間衝突不斷

矛和盾是一組進攻和防禦工具，如果父母是「矛」，孩子就是「盾」。孩子長到7～8歲時，父母就會為了改正孩子的壞毛

第一章　心理學視角：探索叛逆期的成因

病而想盡辦法。

比如，孩子對學業不感興趣，父母會想辦法解決問題，先是說教，然後是責罵，實在不行，就動用武力，強迫孩子去改變。

再如，有些孩子做事總是拖延，不管父母如何催促，他依舊我行我素。

其次，有些孩子較沒耐性，不管做什麼，都堅持不了幾分鐘，不管父母如何鼓勵，都會半途而廢。

…………

當父母的「矛」遇到孩子叛逆時，可能也奈何不了孩子心理防禦的「盾」。那麼，究竟什麼是孩子心理防禦之「盾」？在孩子成長的過程中，思想會逐步走向獨立，特別是7～9歲的孩子，已經具有強烈的獨立意識，行為的獨立便會逐漸表現出來。比如，放學路上和同學玩；週末，會迫不及待地去樓下找鄰居同伴玩……。

看到孩子只知道玩而不喜歡讀書，父母看在眼裡、急在心裡，便會阻止孩子，或者把孩子關在家裡寫作業、不允許隨便出去、或者不允許看電視、或者不允許玩電腦……。這樣，孩子就會覺得自己沒自由。孩子被父母嚴格督促，只能不情願地待在家裡，功課也流於形式，邊寫作業邊玩，有時錯誤百出，字跡潦草。

三、12～16 歲:孩子進入「第三反抗期」

12～16 歲時,孩子正在經歷青春期,更讓父母感到頭痛且無奈。在親子的拉鋸戰中,孩子們迎來了自己的「第三反抗期」。處於青春期的孩子,通常都具有如下幾個特徵:

1. 獨立思考能力增強。青春期的孩子,已經具備獨立思考和判斷事物的能力,人生觀和價值觀等也已經初步成形,眼中的世界和父母的有著很大的區別。他們不喜歡父母的干涉,如果父母總是這樣做,就會引發很多爭執和衝突。

2. 總是跟父母唱反調。這時候的孩子喜歡跟父母唱反調,你說東,他說西,父母感到異常惱火。即使父母勸孩子不要這樣做,孩子也會不聽,依舊我行我素。

3. 彰顯個性,喜歡跟上潮流。青春期的孩子,通常都喜歡跟流行,讓父母難以接受。比如,孩子們喜歡玩手機和電腦,喜歡玩遊戲、喜歡聊天,但父母卻擔心孩子沉迷於網路、耽誤學業,結果越制止,越制止不住;越管,越產稱衝突。為了躲避父母的管束,孩子們還學會了反偵查,發明了「火星文」,父母更是無能為力。

4. 孩子有了自己的小祕密。很多父母不知道孩子心裡在想什麼,因為大多數父母與孩子的溝通產生了問題,甚至是障礙,孩子有什麼話也不跟你說,這是很令人著急的事,於是很多父母便想方設法地窺探孩子的隱私。

第一章　心理學視角：探索叛逆期的成因

5. 不想讓父母插手自己喜歡的事。這個階段的孩子一般都喜歡玩網路遊戲，或熱衷於網路小說，為了不讓孩子沉迷其中，父母不是指責，就是乾脆斷網，這樣做只能激起孩子的叛逆心。父母不了解孩子的個性和喜好，只在意孩子的課業和成績，看到孩子不喜歡念書或成績差，就不高興，結果父母越反對，孩子越去做。

6. 養成不良的壞習慣。孩子對課業的興趣不高、成績不理想，父母講了很多道理，但毫無用處，孩子只知道玩，一點進取心都沒有。結果，孩子不僅沒有養成良好的習慣，反而變得越來越懶散。

我要對你說

「孩子突然像變了個人一樣，真難管」，是很多父母對孩子叛逆期的共識。其實，這一切都是孩子叛逆期到來的表現，有人也將其稱為「狂躁期」、「困難期」等。隨著升學、人際關係等壓力的增大，叛逆期孩子的心理會發生巨大變化，不進行適當引導，孩子很容易在認知、理解等方面產生障礙；如果再受到外界非正常因素的影響，更會激發他們潛意識的反抗，形成反抗心理。

上篇　理解叛逆，做智慧父母

叛逆心理：孩子思維尚未成熟的表現

　　叛逆期孩子的心理成熟度會落後於生理成熟度。他們缺少人生閱歷，社會經驗少，對事物的認知容易出現偏差，做事偏激、片面、固執，甚至極端化，還會把父母的勸說、提醒和督促當作對自己的不理解、不尊重，做出違背父母意願的事……。這些都是孩子想法不成熟的表現。孩子都是在不斷犯錯中長大的，父母千萬不要因一時的生氣而忽視了自己的責任，要冷靜觀察孩子的言行，耐心地應對他們的叛逆，多跟他們進行情感交流，引導他們漸漸領悟。

　　天氣悶熱，放暑假在家的國中生李婷在家裡玩電腦。

　　看到女兒沉迷於電腦，爸爸生氣地說：「整天抱著電腦，你就沒別的事可做嗎？暑假作業寫完了嗎？」之後，爸爸就開始訓斥李婷。

　　李婷雖然已經14歲了，但比較幼稚，被爸爸責備後，情緒異常激動，拉開門，下了樓，消失在了茫茫夜色中。

　　晚上11點，看到李婷還沒回來，爸爸媽媽便開始找。結果親戚、朋友、同學家都沒有李婷的身影，家人立刻報了警。

　　案例中的李婷已經上了國中，但做事依然衝動和叛逆，為何會出現這種情況呢？其實，細細想來，不僅案例中的李婷如此，現實中很多孩子都如此。他們長了身體，心理發展卻嚴重滯後於身體發育；他們嬌生慣養，沒有經歷過挫折，受不得半

第一章　心理學視角：探索叛逆期的成因

點委屈，心智不成熟。而這也是叛逆期孩子的明顯特徵。

孩子從出生的那一刻開始，就成了全家寵愛的對象。父母都疼愛孩子，不管孩子要什麼，都盡量滿足，這種方式就是溺愛。孩子被溺愛，就會無法無天，為所欲為，甚至變得說一不二，喜歡跟父母作對。任何年齡階段的孩子都會如此，不管是十幾歲的孩子，還是四、五歲的孩子。

孩子生活較優渥，衣來伸手，飯來張口，沒受過挫折，遭受一點挫折，就無法忍受，其實這也是孩子心理不成熟的表現之一。為了讓孩子盡快成熟，不管在什麼時候，無論做什麼事，父母都要讓孩子相信自己。

叛逆期的孩子對事物的認知還不夠深刻，父母必須對他們進行正確引導。比如，孩子抽菸、喝酒、打架、霸凌別人等，不僅會傷害到孩子自己，甚至還可能毀掉一個家庭。因此，父母一定要重視這個問題。

心理學認為，成熟的心智，對孩子的一生都發揮著重要作用。因此，為了減少孩子的叛逆心，就要不斷地磨練他們的心智，讓他們的心理和思想都日益變得成熟。

一、孩子不相信自己

現實中，叛逆期的很多孩子都缺乏自信，舉幾個例子——

路上看見老師迎面走過來，立刻避開，不敢上前跟老師打招呼。犯錯了，父母問他應該怎麼解決，他只會說「對不起」。

遇到不會的題目，不敢問老師和同學，只會猜題或亂寫一通，甚至直接抄答案。

上課回答問題，即使題目很簡單，也不願意舉手回答，怕說錯了。

孩子缺乏自信，是他們心智不成熟的表現之一。如果孩子做事缺少主動性和自發性，父母就要多提供鍛鍊的機會，讓他們從簡單的小事做起，鍛鍊的次數多了，成功的機會也就大了，感受到成功的喜悅，孩子慢慢就能自信起來，對父母就能少一些叛逆。

二、孩子做事少了耐心

如今人們的生活水準大為提高，孩子們從小嬌生慣養，父母總是習慣做好孩子的事情。孩子做事情時就容易缺乏耐心，即使遇到很小的困難，也會立刻停止，或者注意力不集中，沒辦法順利完成一件事。

孩子做事沒耐心，也會讓他們多了叛逆心。

1. 父母的強迫。任何人都不願意在他人的逼迫下去做事，更不喜歡被迫去接受或得到某個東西，叛逆期的孩子同樣如此。如果父母強迫他們去做某件事，他們很可能就會尖叫、罵人或打人。剛開始自己還會自責，可一旦養成了習慣，自責感就會消失，這時父母的勸導也就毫無意義了。

2. 孩子做事散漫。叛逆期的孩子做事注意力不集中，自由

散漫；玩玩具時，總是看看這個拿拿那個；參加鋼琴、美術、書法等才藝課，也無法堅持下去，總是三分鐘的熱度。

3. 孩子依賴性強。叛逆期的孩子依賴性強，意志薄弱，只要遇到一點困難，就會失去獨自解決問題的信心，轉而向他人求助。

三、孩子無法控制自己

叛逆期的孩子，做事會以自我為中心，遇到不順心的事情時，即使聽到他人的一句提醒，也會感到委屈；即使是同學間的一句玩笑話，也可能引起他們的強烈不滿。因此，父母一定要告訴孩子：「衝動是魔鬼，憤怒會讓一個人失去理智、做傻事，強者都懂得自我控制。」

社會快速發展，學習永無止境。即使開始工作，也需要自律才能做到終身學習。叛逆期的孩子，如果缺少父母的監督和管理，無法「自控」，就會放肆狂歡，甚至荒廢學業。比如，孩子上大學後，長時間曠課玩遊戲，考試科科不及格，很可能會被學校退學。

人生不是一場你追我趕走向目標的比賽，而是尋找自己、成為自己的旅程。父母們都希望孩子學到知識，更希望他們學會管理自己、管理自己的生活，因此在孩子步入社會之前，每一次自主選擇都是鍛鍊「自控力」的機會；父母不放手，孩子就永遠不可能學會自我控制；父母將控制權牢牢地抓在自己手裡，並不能消解自己的焦慮，畢竟這是孩子的人生。

上篇　理解叛逆，做智慧父母

> **我要對你說**
>
> 叛逆期的孩子自信心不足、心智不成熟，有的父母錯誤地認為，這是正常現象，等孩子長大了自然就好了。其實，一個人的心智成熟與否，與年齡的關係不大，主要與平時是否磨練有關。因此，父母要重視對叛逆期孩子心智的培養。這是關乎孩子一生的大事，一定要給予高度重視。

家庭環境與叛逆心理的關係

每個人都受原生家庭的影響，無論是學業、生活、工作，抑或是為人處世，都受原生家庭的影響。父母既要關注孩子的身體發育，又要關注孩子的心理發育；既要重視孩子的智力開發，又要關注孩子各方面能力的培養；既要教孩子學知識，又要教孩子學做人。

孩子的叛逆往往是原生家庭的衍生品，是父母的生活習慣、婚姻家庭、抗壓性等因素造成的後果。

女兒曉苗已經上國三了，做作業習慣拖拖拉拉，常常寫不完，總是拖到第二天早上在車裡寫，分秒必爭。

老師經常跟曉苗的媽媽投訴，弄得她焦頭爛額。

媽媽也嘗試與曉苗溝通，可是怎麼說都不管用，打也打

> 第一章　心理學視角：探索叛逆期的成因

了，罵也罵了，道理講了幾百次，曉苗還是老樣子，最近甚至還說不想去上學了……。

在孩子成長的過程中，需要度過很多重要時期，每個時期都需要家長動腦筋想辦法，尤其是到了叛逆期，父母更會覺得困難重重。每個孩子處在叛逆期的具體表現都不同，如果孩子的叛逆表現得過於強烈，父母就要做出正確引導。

每個人都是家庭系統中的重要成員，無論哪個環節出了問題，首先暴露出來的就是跟孩子相關的問題。但是，孩子的問題並不是獨立存在的，問題的背後通常都有一個問題家庭。因此，在解決孩子的問題時，要全方位地思考，先對家庭系統進行認真分析，再找到教育孩子的方法和技巧。

家庭是孩子成長的基本環境，父母採用不同的教育方式，孩子也會具備不同的心理特質與個性。家庭中的不良因素，比如，簡單粗暴的教育方式、命令式的說教、專制式的壓制、無休止的嘮叨，對孩子的期望值太高、要求過嚴等，都會給孩子造成巨大的心理壓力，時間長了，孩子就會產生極大的牴觸情緒，進而產生叛逆心理。

孩子處於叛逆期時，父母要重新認識自己所扮演的角色，轉變家教觀念，關注孩子的心理，給孩子更多的關愛，努力和孩子建立平等尊重、悅納、信賴的親情關係；要轉變孩子的成才觀，引導孩子端正學習態度、改進學習方法，營造溫馨的家庭學習氛圍，讓孩子在學習中感受快樂和喜悅；培養孩子健康的心理

上篇　理解叛逆，做智慧父母

特質，比如抗壓性，能夠戰勝自我、懂得合理宣洩自己的不良情緒等。

一、父母的習慣性指責

孩子處於叛逆期時，對父母的依賴性會很強，父母都抱有一定的專制思想，對孩子的教育缺乏開明的態度，認為孩子還不夠成熟，要絕對服從自己，不能有自己的想法，否則就是「忤逆」或「作對」，因此，孩子自然就不會將父母當成傾訴對象，更不會主動跟父母吐露心聲。

資料顯示，很多叛逆期的孩子做錯事後，特別反感父母的指責，更牴觸父母的盛氣凌人和生硬態度。其實，父母都知道不能總是嘮叨孩子，如果不是拿孩子沒辦法，誰想像唐僧一樣整天在孩子耳邊「唸經」？跟孩子講道理，他不想聽，因此，為了讓孩子接受自己的觀點，只能每天重複同樣的話。

馬女士高中沒畢業就輟學了，工作後吃了不少的虧，所以對兒子東東的成績特別在意。東東也爭氣，成績穩定保持在年級前三名。誰知，小學六年級後，東東迷上了電動遊戲，經常偷偷去網咖，成績下跌了十多名。

拿著成績單，馬女士邊哭邊罵，足足持續了1個小時。東東也覺得很內疚，並保證以後絕對不玩遊戲了。

又過了幾天，馬女士看到東東沒寫完作業就看電視，立刻火冒三丈，開始了轟炸式的說教，從上次考試失敗的原因，說

第一章　心理學視角：探索叛逆期的成因

到今天讓人失望的表現，又預測下次考試失敗的場景。東東聽完後，默默回自己房間寫作業了。

後來有一次家庭聚會，不知道誰問了一句什麼，馬女士又把東東上次沒考好的事拿出來說，並讓弟弟妹妹千萬別學他。東東放下筷子就衝著她喊道：「媽，妳有完沒完，可以不要再說這事情了嗎？」

從這個例子中，大家能得到什麼體會？顯然，這種教育方式，肯定是有問題的。

父母只顧表達不滿，或評價對錯，根本就沒時間去思考該如何從根本上幫孩子糾正錯誤，最終只能以父母更生氣、孩子更委屈告終。孩子之所以感到委屈，是因為父母嘮叨的背後隱藏的是指責、批評、抱怨和否定。不要說叛逆期的孩子，即使是成年人，也不喜歡和一個總是否定自己的人溝通。

二、教育方式簡單粗暴

有些父母缺少正確的心理學常識，在孩子教育上急於求成，方法簡單粗暴，忽視了孩子的自尊心和心理承受能力，孩子遇到問題或犯了錯誤，不會跟孩子一起分析，商量補救辦法，而是責罵甚至毆打孩子。孩子感到不被尊重，自然就會產生叛逆心理。

男孩在學校和同學發生衝突，被老師通知叫家長。媽媽接到老師的電話後，立刻開車到學校。

> 上篇　理解叛逆，做智慧父母

回家的路上，媽媽一邊開車一邊責備男孩，最後兩人居然吵起來。可能是為了不影響開車，或者是為了平復心情，媽媽直接開啟雙黃燈，將車停在了高架橋上，然後下車，對坐在車裡的男孩大聲訓斥。

當媽媽再次回到車上後，男孩居然開啟車門，衝到橋邊，縱身一跳。媽媽發現了男孩的異樣，立刻跑出去，想要制止，但沒能抓住兒子的一片衣角。

媽媽後悔不已，跪在地上，痛不欲生。等救護車趕來的時候，男孩已經失去生命跡象。這一幕看哭了很多人。

從開啟車門，到跳橋，整個過程最多 5 秒，如此決絕，毫不猶豫⋯⋯。悲劇就這樣發生了，事情雖然已經過去，但該事件帶給我們的反思卻時時刻刻擊打著我的心靈。身為家長，我們該如何與孩子相處？

心理學上有句話：「能夠征服世界的人，都能管控自己。」指責、羞辱、咄咄逼人、惡語相向，都是扣動情緒的扳機，把子彈射向自己最愛的人。選擇正確的溝通方式，是為人父母的重要一課。叛逆期的孩子都有著極強的自尊心，他們渴望父母的肯定和理解，用語言來刺激孩子，他們內心的叛逆就會被瞬間點燃，做出一些極端行為。

有位心理學家說過：「孩子十歲前，父母對孩子越簡單粗暴；十四歲之後，孩子就會越叛逆。」原因何在？因為在十歲之前，孩子們都非常依賴父母，只要父母愛他們，他們就會感到滿滿

的安全感,而父母直接告訴孩子:「你再這樣,我就不要你了」,孩子因為害怕,自然就會乖巧地聽父母的話。

但是,這時候孩子的乖巧聽話,甚至過分親暱地叫你「爸爸」或「媽媽」,並不是為了表達對你的愛,而是在「討好」你。現實中,缺乏安全感的孩子,更會如此。他們認為,只有這樣做,父母才能接受自己。等到孩子十四歲以後,過去那些能夠被父母隨便唬住的孩子就會逐漸開始叛逆,而且父母之前的教育方式越粗暴,孩子就會越叛逆,安全感自然也就被嚇沒了。

三、親子之間缺乏交流

隨著孩子的成長,到了叛逆期,孩子的獨立意識日益增強,喜歡用自己的方式來為人處世,不想受到太多的管束。而有些父母出於對孩子的保護,喜歡一手包辦。這樣,孩子的渴望獨立與父母不恰當的關心就會產生衝突或爭執。

此外,有些父母平時工作太忙,幾乎不會抽時間跟孩子談心,更不會跟孩子進行交流,為了約束孩子的行為,只會給孩子定一些規則或規定,孩子被動接受,無法營造出一個和諧溫馨的家庭氛圍。

親子之間缺乏溝通,不善表達,羞於說愛,孩子就容易產生叛逆心理和叛逆行為。

下面是這些家庭中最常見的對話:

上篇　理解叛逆，做智慧父母

片段1

孩子：「爸，我考了98分。」

爸爸：「別驕傲了，半瓶水響叮噹。」

片段2

孩子：「媽，我畫的這幅畫好看嗎？」

媽媽：「彩色筆哪來的？你錢多沒地方花，是不是？」

片段3

孩子：「媽……。」

媽媽：「這都什麼時候了，你還有心思想這些？好好念書才對。」

孩子信任父母，渴望得到父母的理解，但每次只要一開口，得到的都是父母的指責或被貼標籤。父母似乎不關注孩子的內心感受，不理解孩子，甚至還會威脅、批評、嘲諷、否定、拒絕、比較……。孩子被這些負面元素包圍，時間長了，這些元素都會逐漸變成孩子心裡的刺。

孩子不再對父母的安慰和幫助抱有希望，不再覺得父母是關注和尊重自己的，將來即使遇到相同的問題，也不會主動跟父母傾訴；失望多了，自然也就懶得開口了。

最易引發孩子叛逆的親子溝通方式主要有：

1. 父母情緒激動甚至失控，急著與孩子溝通。

2. 父母經常將工作或生活中的負面情緒轉嫁到孩子身上。

第一章　心理學視角：探索叛逆期的成因

3. 父母急著解決問題，讓問題變得更嚴重，親子關係緊張對立。

4. 父母只知道判斷是非對錯，或與孩子互相怪罪，不想辦法解決問題。

5. 父母批評指責孩子，言語粗暴，甚至體罰，孩子毫無招架之力。

6. 父母總對孩子說「你真笨」、「你不好」、「你很傻」、「你真沒用」等否定性話語。

我要對你說

身處惡劣的原生家庭，父母總是爭吵和打鬧，都會讓孩子的安全感缺失。

缺乏安全感的孩子，會變得自卑、缺乏自信心、怯懦怕事、不敢爭取；長大後，還可能因為缺乏安全感而憂鬱，悲觀厭世。

叛逆與學校裡的不良影響有關

學校是孩子們成長社會化的主要環境，在學校教育中，如果老師採用了不當的教育方式和方法，比如，對家長報喜不報憂，誇大成績；挑剔孩子，不尊重孩子，不體諒孩子；忽視了

孩子的主動性、參與性、思考性和合作性；不重視孩子的個體差異性等。孩子就會出現苦學、厭學、逃課等情況，繼而發展成叛逆和對抗。

為了加強班級管理，為了督促學生認真用功，某國三班導在班級中規定用「打手心」方式（最多5個）懲戒考試不及格的學生。

這次，有一個學生在數學小考考了10分，按規定需打5個手心，打了4個手心後，該同學轉身離開。

班導師以「還差一個」為由制止他離開，學生不聽，最終雙方情緒失控，引發言語衝突並發生肢體衝突。

考慮到在教室裡影響其他學生，班導將這位學生帶到辦公室進行教育，雙方再次情緒失控引發言語衝突，並發生激烈的肢體衝突。

處於叛逆期的孩子，通常都會認為自己已經長大了，他們有了自己的思想，有了屬於自己的小祕密。其實，他們的心理並不成熟，對很多事情的看法都比較片面，甚至還有些極端。

教育家安東·馬卡連柯（Anton Makarenko）說過：「得不到別人尊重的人，往往都有很強的自尊心。」其實，叛逆期的孩子之所以會做出極端行為，並不是一時的衝動，而是不良情緒長時間累積的結果，是長時間壓抑的爆發。原因之一，可能就是在學校得不到老師和同學的尊重，整個人處於一種憂鬱狀態。

「昔孟母，擇鄰處」告訴我們，學校風氣的好壞確實能對孩

第一章　心理學視角：探索叛逆期的成因

子造成直接影響，只有好的校風，才有助於孩子的學習和進步。

「物以類聚，人以群分」，環境帶給孩子的影響不可輕視。在學校中，跟孩子接觸時間最長的只有老師和同學，而好老師確實能改變孩子的一生。老師一般都關心學生的想法、學業和身體等狀況，有明確的教育目的，熟悉教育內容，懂得教育活動的規律和方法，會引導學生按照規定的方向發展；反之，處理不當，學校教育也會對孩子造成傷害。

一、孩子不喜歡任課老師

在孩子的成長過程中，老師發揮著重要作用。老師不僅是孩子崇拜的對象，也是孩子們學習模仿的榜樣，孩子不僅能從教師那裡學習知識和為人處世的方法，還會模仿老師的言談舉止。

老師的信念和價值觀等會對孩子產生耳濡目染的影響；老師對孩子行為的讚賞或批評，還能對孩子的行為特徵進行重塑，繼而影響孩子的自我發展。

聽聽孩子的心聲──

女兒：「媽媽，我不喜歡新來的數學老師。」媽媽：「為什麼？」

女兒：「新來的數學老師太囉唆，而且很凶，每天都罵人，很討厭。」

媽媽：「嚴師出高徒嘛。老師這樣做，也是為你們好。」

女兒:「反正我就是不喜歡,媽媽,他不會一直教我吧。因為他,我越來越討厭數學了。」

「媽媽(爸爸)我不喜歡某某老師」,相信很多父母對這句話都不會陌生。

在教育學生時,每個老師都會形成自己固有的習慣,雖然出發點都是好的,但老師如果用錯了方式方法,孩子們就會產生反抗心理,具體表現之一就是,不喜歡某些老師。

其實,在這個問題上,老師和學生都沒有錯,尤其是國中階段。這時候,多數孩子已經進入青春期,反抗心理嚴重,只要某個老師的教學方法讓他們覺得不舒服,他們就會對這位老師產生不良情緒。尤其是臨近考試時,孩子壓力巨大,更會對老師越來越「挑剔」,稍有不滿就會表現出來。

生活中,因為討厭某科老師而荒廢一門課程的孩子有很多。尤其是處於叛逆期的孩子,他們本就叛逆,這方面的表現就會更加明顯。

二、同學間的語言欺凌

劉涵因為腿受傷,在家休息了一個星期,為了不耽誤功課,看著兒子的腿沒有大礙,媽媽就讓他回學校上課了,還借了個輪椅讓他代步,班導師也很貼心地安排同學幫劉涵推輪椅。

本來覺得這樣就不會影響上課,可剛過了一天,劉涵就說什麼都不願意帶著輪椅去上學了。幾經詢問過後,媽媽才知

第一章　心理學視角：探索叛逆期的成因

道，原來是班裡有同學嘲笑他，說他那麼大了還坐嬰兒車。劉涵雖然表面上沒和同學發生衝突，但心裡是很難受的，畢竟這個年齡的孩子自尊心都很強。媽媽見兒子這麼傷心，也不好強迫他，就把輪椅換成了柺杖。

雖然劉涵的腿已經好得差不多了，但後面幾天下來，媽媽還是發現兒子的腳踝有點紅腫。她很心疼兒子，但想到自己不能替兒子疼痛，只能一個人躲在沒人的地方偷偷流眼淚。媽媽心裡很難受，便私下裡傳了訊息給諷刺挖苦劉涵的同學的父母，簡單說明了情況，希望孩子們能和睦相處，不要出口傷人。同學父母也表示孩子太調皮，會讓孩子去向劉涵道歉的。但第二天，那位同學並沒有向劉涵道歉，然後，這件事也就沒有後續了。

比孩子被打更可怕的是校園欺凌。

學校也是一個小社會，孩子從進入學校的那一刻開始，就需要和各式各樣的孩子打交道。不同的孩子家庭教育不同、性格不同、品性不同、為人處世的方式不同……，往往有錢且膽小懦弱的孩子更容易成為被欺凌的對象。

孩子在學校被同學開玩笑、嘲笑、諷刺，甚至排擠，多數父母知道後，都會有這樣的反應：「哎呀，別人都是開玩笑的，別太放在心上。人家又沒打你。」在他們眼中，只有孩子被打才是校園欺凌。其實，還有一類常見的欺凌現象，那就是語言欺凌。這種校園欺凌，不容易被發現，但會對孩子造成巨大傷害。

「惡語傷人六月寒。」叛逆期的孩子心理還不成熟,人生觀和價值觀正在逐步形成,跟成人比起來,他們的心理更脆弱。同學的一個表情、一個眼神、一句無意的玩笑,都可能傷害到孩子心裡最脆弱的地方。

三、受不良同學的影響

同學關係是影響孩子人格發展的一個重要因素。在學校,興趣愛好相同、性格相近或互補的同學往往更容易形成一個非正式群體,相互影響。目標一致、有理想的孩子往往會互相勉勵、互相促進;即使是目標不明確的孩子,也有自己的一方小天地,比如喜歡玩樂、喜歡尋求課業之外的刺激等。如果身邊的同學都比較叛逆,受其影響,孩子也會在言語和行為上表現出叛逆的特點。

小學時,形形一直都是父母和朋友眼裡的好孩子,成績不錯,還很懂事,經常幫父母做家務,在班級裡也是一位優秀的班長。可是,父母忙於生意,照顧形形的時間越來越少,形形上國中以後逐漸感到家庭溫暖缺失。

每天早上形形睜開眼時,父母早已離開家去見客戶了,晚上父母回來時已經是深夜。由於長時間沒有家人的陪伴,加上國中生特有的青春期迷惘,形形過上了不一樣的校園生活,認識了形形色色的朋友。

在朋友的影響下,形形覺得以前的自己毫無個性,除了每日枯燥的學校生活,絲毫感受不到生活的新奇感。於是,形形

> 第一章　心理學視角：探索叛逆期的成因

不再把重心放在學業上，而是拿出了更多的精力和朋友們一起玩耍。

有一次，形形和朋友一起翹課去校外打網咖，被老師發現後通知了父母。父母以為她在學校是一心專注於課業，哪知道她已經叛逆到了這種程度，於是他們放下手中的工作，輪流在家裡照看。早已心猿意馬的形形突然被父母看管，想著又要回歸那種枯燥無味的生活，心裡就像火燒一樣。她表面上應付父母，趁父母不注意，就玩起了躲貓貓，在被子裡藏遊戲機，深夜起來打遊戲，上課和同學傳字條，還請同學幫忙寫作業。

媽媽為此整夜失眠，孩子為什麼會變成這樣？如何讓孩子走出叛逆期？

研究發現，同伴會對孩子造成最大、最直接的影響，且這種關係往往更頻繁、更親切、更認真、更多變。在與同伴交流的過程中，孩子不僅能夠從同伴那裡學習情感、態度和價值觀，還能得到從成人那裡得不到的資訊。同學之間互幫互助，孩子則會學會各種交友方式，並逐步學會溝通、自衛和合作等技巧。

同學之間每天都見面，聽同學說著各種新鮮事，被同學不斷地喊出去玩，隨時都可以接觸，想要不被同學影響，孩子需要具備強大的意志力。孩子們之間互相影響，就會形成不同的社會行為認知、觀點和態度。

> **我要對你說**
>
> 孩子的心智還沒有成熟，容易受到別人的干擾，與願意且努力用功的學生在一起，自然有利於他們的成長。在管理嚴格、學風良好的學校裡，孩子的學習欲望會更高，因為周邊的同學都在努力，無形中也會帶動自己勤奮向上。反之，混跡於一群不愛念書的孩子中，自己也會隨波逐流。

社交圈的不良影響

交友不慎是很多孩子走上岔路的主要原因之一。特別是叛逆期的孩子，隨著社會意識的逐漸增強，往往更渴望融入團體，更希望在與同伴的交流中實現自己的價值。國中是孩子交友的關鍵期。跟小學生比起來，處於叛逆期的國中生更易受到不良社交的影響。

一次偶然的機會，女孩洋洋下載了某交友軟體，並在上面認識了成年人李某。李某自稱與洋洋是同齡人，二人互加通訊軟體經常聊天。在聊天中，李某多次提出要與洋洋見面並以男女朋友關係交往，均被洋洋拒絕。

後來，洋洋禁不住李某一再提出見面的要求，趁當天沒有父母接送上補習班的時間與李某見面，直接上了李某的車，而李某直接把車開到某地下停車場，侵犯了她。洋洋回家後情緒

> 第一章　心理學視角：探索叛逆期的成因

異常，母親發現後，立刻報警。

在部分處於叛逆期的孩子心中，自己交的朋友越多，越證明自己有能力。因此，為了在別人面前展示自己的能力，很多孩子就會結交更多的同學，不管對方人品如何或者是怎樣的人，都一律接納。這種毫無選擇的接納，就容易將品行不好的人吸收進來，繼而對自己造成負面影響。

糖糖是家中的獨生子，因為自小成績比較好，父母、親戚和鄰居都給他加上了一定會光宗耀祖的光環。

由於課業一向不用父母操心，所以平時父母對他也比較放縱，即使有看見親戚不主動打招呼等行為，他的父母也一笑而過。

進入國中之後，糖糖遇到了一位極其負責任的班導師，或許是因為老師的負責任，讓他有了逃離這種束縛的衝動，又或者是因為父母的過分溺愛或者放縱，不知不覺間他結識了幾個不良校外人士。

國中三年順利地度過，糖糖得償所願考上了這縣市裡最好的高中。在他感覺永遠逃離了國中班導的掌控之後，高一開學的第一個晚自習就蹺課了。他拿著父母給的生活費，跟幾個不良校外人士在網咖玩遊戲，七天後被父母找到，錢已經花光了，手機也不見了。

曾經別人口中成績好的孩子，最終卻成了別人教育孩子的反面教材。糖糖最終走向輟學，一方面是因為父母疏於管教，一方面則是因為他結交了不良校外人士。

> 上篇　理解叛逆，做智慧父母

叛逆期的孩子，一般都崇尚個性化，拒絕平庸，拒絕大眾化，喜歡追求另類的穿著和打扮，似乎覺得越另類，自己的存在感就越強；為了給自己賺面子，為了表明自己混得好、人緣不錯，他們就會主動結交社會青年。殊不知，結交不良校外人士無異於自毀前程。

同輩群體或相近群體的互相認同、相互影響，會對個人的成長發揮巨大作用，一旦某個孩子出現不良英雄觀，比如喜歡出風頭、喜歡跟家長唱反調等，都可能潛移默化地對其他孩子造成影響，繼而生出叛逆心理。因此，父母要引導孩子正確了解社會現象，對言行的好壞認真分辨，讓孩子們學會甄別和處理。

如果孩子們結交了小混混或校外人士，父母要少些擔心和恐慌，要用平常心做理性分析，有針對性地引導孩子正常交友，建設性地幫助孩子處理與他人的衝突，以免孩子因一時衝動而傷人害己。

叛逆期孩子的擇友能力與成年人不同，他們的是非觀念還沒有完善形成，無法正確判斷交友對象的品格，父母不僅要為孩子制定合適的擇友標準，還要主動跟老師溝通，對孩子的交友狀況多一些了解。那麼，如何知道孩子結交了「壞」朋友呢？

孩子結交了不良校外人士，通常會表現出以下幾個特徵——學習欲望降低，放棄學業；避開成年人的視線，做事偷偷摸摸；花錢增多，會涉及較大的開支；喜歡說髒話；社會語言增多，涉的話題與自己的學生身分不符；喜歡隱瞞，不願意準確告

第一章　心理學視角：探索叛逆期的成因

知具體的活動內容、時間和花費⋯⋯。

家長要認真觀察孩子的狀況，鼓勵孩子多在班級內交朋友，盡量減少或避免與校內其他年級、別的學校的孩子或社會人員交往；引導他們樹立正確的是非觀和善惡觀，增強對不良朋友的辨識能力。

一、孩子與同學關係差

孩子與同學關係差，無法與同學友好相處，被同學排斥⋯⋯，是導致很多孩子選擇結交社會不良人員的主要原因。

在學生時代，同伴關係是最重要的人際關係之一。學生時期的同伴關係，對於孩子的社會化起著成人無法取代的獨特作用。所以，從情感需求角度來說，學生時代對同伴的需求甚至高於父母。孩子在學校不受歡迎，會變得沉默寡言、沮喪無助。其實，他們並不喜歡孤獨，往往更渴望被他人喜歡和接納。但是，如今很多孩子都是獨生子女，可能有自己的個性，或者在家中被過度寵溺，他們身上都有一種嬌氣，甚至不可一世、唯我獨尊，不具備謙遜的品格，與他人相處，容易出現分歧，但又得不到他人的理解，總認為自己是對的，最終就會引發衝突。

遇到事情或問題，他們只會吵架、冷戰，激發衝突，無法與人良好交流，因此只能結交一些社會問題青年。而父母只關心孩子的成績，整天掛在嘴邊的也只有課業，並不知道孩子與朋友發生爭執了，更不會對孩子進行正確引導。

在學校，孩子們之間會產生衝突，變得不和睦，或者打架、吵架等，沒有相處得好的朋友。尤其是到了叛逆期，孩子們更會從對家庭的依賴走向獨立成熟，變得不聽話、叛逆、獨來獨往。

二、孩子與社會問題青年交友

在很多學校門口，總能看到一些身穿黑色衣服、將頭髮染色的人，即所謂的「小混混」，這些人大多是社會問題青年。他們學歷不高，沒有工作，為了生存，經常會騷擾學生，比如上下學尾隨學生、敲詐勒索學生等。雖然政府和學校都針對這些人員做出相關措施，為了保障學校周邊的安全，採取了各種防範和保障措施，但也無法從根本上解決這些問題。對於這些社會問題青年，多數孩子都會敬而遠之，但個別孩子跟同學發生爭執後可能會向這類人員求助；一旦嘗到甜頭，甚至還可能成為其中一員。叛逆期的孩子還沒形成正確的價值觀，是非觀還有待完善，就會對這類人員盲目崇拜，對他們的言談舉止進行模仿，主動示好與之攀談交友。當然，還有些孩子則是膽小怕事、長時間被父母忽視，為了減少自身危險，就會對這些人上交一點財物。

孩子們在潛移默化中受到社會問題青年的影響，價值觀和人生觀就會發生扭曲，甚至被迫做出違法犯罪的事。

三、家人關係緊張，孩子向外界尋找溫暖

父母和孩子溝通時，經常會出現這樣一種情況——孩子想跟父母聊天，父母看到孩子當時的狀態，可能會著急發脾氣，同

第一章 心理學視角：探索叛逆期的成因

時還責怪孩子不努力。父母和孩子的溝通不在同一個層面上，一旦開始溝通，就會出現激烈的爭執，孩子覺得父母不理解自己，父母則覺得孩子不懂自己的良苦用心，雙方爭執不休，讓親子關係變得越來越緊張。

孩子進入叛逆期，情緒多變、心思敏感，就像刺蝟一樣；他們覺得自己已經長大了，不喜歡聽父母勸告。這時父母如果還用小時候的方法去教育他，只能引起他們的反感，繼而產生叛逆情緒。

有的父母則不了解孩子，經常讓孩子做他們不願意做的事，孩子自然就容易反感；父母不過問孩子的想法，只是把自己的想法強加在孩子身上，孩子承受了太多的壓力，不願意跟父母說，父母和孩子之間不能正常溝通。

隨著孩子逐漸長大，他們的自我意識日益增強，不願再輕易被父母控制，因此親子之間開始出現分歧、衝突和爭執，彼此之間的溝壑漸漸顯露。孩子無法從父母這裡得到愛和自由，父母控制太多或放任不管，親子距離就會越來越大。父母不知道孩子心中所想，孩子覺得父母不愛自己，為了尋得更多的關愛，他們就會主動結交社會問題青年，跟他們一起尋求刺激，感受成功的快樂，感受群體的溫暖，即使這樣的快樂和溫暖都會對孩子造成傷害。

上篇　理解叛逆，做智慧父母

> **我要對你說**
>
> 不良社交因素，會讓孩子叛逆。如果你的孩子的社交圈出現了非常叛逆的孩子，孩子長時間與他交流相處，就會受到影響。孩子的模仿能力很強，如果對方喜歡玩遊戲不愛念書，孩子跟他接觸多了，就有可能對學業失去興趣，誤入歧途。俗話說，近朱者赤，近墨者黑。孩子選擇社交圈時，父母既要鼓勵和尊重，更要做好監督，讓孩子選擇乾淨的社交圈。

第二章
需求導向：揭開孩子叛逆的心理動機

想證明自己已經長大了

孩子在掙扎中長大，需要父母認同自己，在這個過程中，他們的思想最容易受到影響。但是現實中，很多父母總是渴望教育效果能夠立竿見影，習慣使用絕對的壓制手段，這樣不僅會導致孩子叛逆，還將自己對孩子的影響力拱手讓人，為其他不良影響提供了機會，孩子也在父母的不理解中跟父母漸行漸遠。

外出遊玩之前，大家都在家整裝待發。因為急著趕車，媽媽匆忙給小雅拿出一件襯衫，往她脖子上套。

誰知，小雅忽然大哭起來：「我不要——我不要——！」

家人以為孩子要賴：「怎麼回事啊妳？越趕時間越磨蹭，快穿上！」然而，事與願違，別人越催，小雅越抗拒，一生氣還把衣服扔掉了。媽媽說：「小雅，告訴媽媽，妳為什麼哭？妳想要什麼？」

小雅哭著說：「我不要穿這件！」

媽媽帶著小雅來到衣櫃前：「那妳自己說，妳想穿哪件呢？」

上篇　理解叛逆，做智慧父母

小雅翻來翻去，隨便拿出另外一件：「我要穿這個！」媽媽答應了，小雅很快就破涕為笑。

案例中的孩子，是故意磨蹭、故意反抗、故意拒絕嗎？非也。他們僅僅是不想服從大人的安排，想要自己做決定罷了！

叛逆，會給孩子帶來一種「長大了」的興奮感，這時候孩子們就會表現出一種強烈的自我表現欲。他們既不會聽由父母發號施令，也不會永遠跟在大人身後，更願意在自我抉擇中得到心理滿足。這既不是執拗，也不是任性，而是孩子的獨立宣言。

有一位母親跟19歲的女兒說得最多的一句話，就是「我們是朋友」。她一直覺得女兒和她是平等的，她們相互信任，經常交流。有時候因意見分歧有所爭執，若事後想想是自己不對，錯誤地責備了女兒，她便會主動向女兒承認錯誤。

女兒提出自己的要求時，她從不會不經思索地拒絕。即使是非常荒謬的要求，她也會在慎重考慮之後，把它「當作一回事」地給予回應與討論，透過充分的論證讓女兒了解她的看法。

不僅如此，這位母親還會在很多事情上都徵求女兒的意見，即使女兒提出的意見很糟糕，她也會認真傾聽並與她討論。即使是非常必要的要求，她也會用「我希望……」或「我建議……」，至少會在「形式上」給女兒留下自主的空間，讓她去學習、思考和領悟，而不是生硬地將自己的想法強加在女兒身上。

叛逆期的孩子最喜歡用「我」這個詞，因為他們的自我意識已經開始萌發，獨立意識也迅速發展，個人能力也在日益增強。

第二章　需求導向：揭開孩子叛逆的心理動機

處於該時期，孩子說得最多的就是「不」，渴望自己能對周圍的事物造成影響，更急於告訴別人：「我已經長大了，我可以。」

隨著孩子年齡的成長，父母都會發現這樣一種現象，即孩子越來越叛逆，無論父母說什麼，他們都有自己的一套理論，進行反駁。父母苦口相勸，他們卻「左耳朵進，右耳朵出」，讓父母感到毫無招架之力。

對於孩子來說，叛逆期是他們人生的必經過程，他們渴望被成人認同，希望透過叛逆的行為來證明自己。其實，孩子所有的叛逆都來自對束縛和限制的反抗，父母要引導孩子冷靜思考，對自己的行為做出判斷，明白何時應該表現自我、何時應該克制。

一、孩子需要自主權

孩子從四、五年級起，解決問題的能力會越來越強，自我意識也會逐漸突顯，這時候其實他們就已經開始進入叛逆期了。這時的孩子厭煩父母的嘮叨，更不喜歡父母總是講大道理；父母則會覺得自己的閱歷豐富，總想讓孩子聽自己的，想要指導孩子來處理問題。

抱著「我是為你好」的心理，想要當孩子的人生導師，總想在孩子的事情上指手畫腳，很多父母不知道的是，叛逆期的孩子最希望得到父母的肯定，希望父母能看到自己的成長，知道自己已經有能力解決問題了；他們迫切地希望父母放手，渴望自主完成一些事情，並獲得父母的認可和肯定。

在孩子看來，這是父母對他們能力的認可和信任，因此在叛逆期，父母要多給孩子一些自主權，讓他們嘗試自己解決問題。

二、孩子需要父母的信任

隨著孩子的成長，他們會漸漸地意識到自己是一個獨立的個體，對事物也會有自己的認知和見解。如果父母與孩子的觀念不同，而他們又不願接受，就會用消極的態度反抗父母提出的要求，這時他們在成人眼中就顯得有些叛逆。

叛逆期是每個孩子都會經歷的過程，也是孩子成長過程中內心最動盪的時期。小時候孩子被別人評價，到一定年齡後，他們就會形成對自己的評價。同時，他們也非常重視父母、老師和同伴的評價，之所以會做很多事情，多半都是為了獲得父母、老師、同伴的認可和肯定，這也是孩子形成自我認知的過程，也能讓孩子變得更加自信。

為了讓孩子聽從自己的觀點和意見，很多父母都會採取「高壓」的方式，結果卻總是事與願違。父母的選擇和判斷也有不理智的時候，不能一直以人生導師的角色來管教孩子，總是給孩子傳遞「你這樣做，將來很可能會吃虧，對將來的發展不利」的訊息，叛逆期的孩子就會認為：「父母不相信我，其實我完全可以做出更好、更明智的選擇」。

父母的不信任，會讓叛逆期的孩子對自己的能力產生懷疑，會覺得自己不具備解決問題的能力，不管什麼事情，都做不好。

第二章　需求導向：揭開孩子叛逆的心理動機

他們無法接受這個認知，為了向父母證明自己，只能不斷地嘗試做一些事情。具體表現為——父母讓我做這件事，我卻不想做，只想做另外一件自己覺得不錯的事情，證明給父母看，告訴父母我的判斷是對的，我的選擇是對的。

三、孩子渴望跟父母溝通

父母跟孩子溝通不順暢，就容易發生爭吵，要想相互了解，彼此之間就要好好坐下來詳談。同時，父母還要在孩子身上花更多的時間和精力，要將注意力集中在這些事情上，不能敷衍孩子的訴求，要讓孩子感受到父母對他們的關心和愛護。

孩子的每個行為背後都有自己要達成的訴求，父母首先要知道孩子究竟想要什麼。面對孩子時，父母要少一些內疚和焦慮，嘗試著聆聽孩子行為背後的聲音。跟孩子溝通，父母首先要控制自己的情緒，然後嘗試理解孩子的想法。同時，也要告訴孩子，你可以表達情緒，可以描述情緒。

父母要給孩子足夠的尊重，認真傾聽孩子的想法，並讓孩子明白——不是我說這件事很重要就是很重要，你也可以表達自己的想法。父母可以試著問問孩子：「這件事很重要嗎？」如果他覺得不重要，就可以將重要性告訴他。父母要放棄高高在上的姿態，跟孩子平等地進行溝通。

處於叛逆期的孩子，通常會表現出強烈的自我意識，親子之間相處時，不僅要多進行有效溝通，認真傾聽孩子的訴求，

還要給孩子提供一個獨立的個人空間。

隨著年齡的成長，孩子們對這種獨立的心理需求會變得越來越強烈，父母管教得太嚴，孩子缺少自主權，就會出現更嚴重的叛逆行為，而這些行為的背後都是孩子要求獨立的訴求。記住，孩子始終要長大，適當地放手，給孩子獨立自由的空間，孩子才能走得更遠。

我要對你說

我們人生的前半部分都是由父母掌控著，父母的掌控力太強，會讓孩子產生深深的窒息感。隨著孩子人格的逐漸形成，他們就會用其他方式來逃避這種壓制，想要擺脫控制。這時候的他們已經具備身體上的能力，身高比父母高，力量比父母大，唯獨心智還不夠成熟，為了證明自己已經成熟了，為了擺脫父母的掌控，會產生更多叛逆行為。

渴望獨立思考，挑戰父母的權威

叛逆期的孩子通常都非常在意自己的權利，會提一些大人似的要求，被教育或被要求時，總會反抗和頂撞。他們為何會這樣做呢？原因就是，想要告訴大人，我為什麼不能？為何你們能這樣想、這樣做，我卻不能？

第二章　需求導向：揭開孩子叛逆的心理動機

小學階段的敏敏是個德智體全面發展的好孩子，在班裡還擔任班長，深受老師和同學的喜歡。可是，在眾人都羨慕她的時候，她的父母卻離異了。

父母離異後，沒過半年就各自組建了家庭，敏敏只能與奶奶一起生活。12歲那年，敏敏升國中，隨著學科的增多、作業量的增加，她感到壓力很大，就逃課去網咖，認識了一些新朋友。有一天，奶奶看著她濃妝豔抹地出門，問她去做什麼，她看了奶奶一眼，說：「上學啊！」

奶奶說：「上學？就你這樣？將臉上的東西洗淨，再去學校。」敏敏「嗤」一聲，什麼也沒說，拉拉書包帶，扭頭就走。

奶奶快走幾步，攔住她：「回去，洗臉！你不好好念書，以後怎麼辦？以後誰養你？」

敏敏從口袋裡掏出一百元，甩給奶奶：「現在，我都能賺錢了！還用以後？」

奶奶意識到了問題的嚴重性，問：「這錢是哪裡來的？」

敏敏有些不耐煩了，頂撞道：「我自己賺的，怎麼了？」說完，便離開了。

奶奶立刻打電話給敏敏的爸爸，講述了敏敏的情況。

了解情況，當天下午放學後，敏敏爸爸就來到了奶奶家。

看到女兒這個樣子，爸爸有些心疼，勸她認真念書。敏敏卻不屑一顧，說：「你別管我了！你現在的家，不需要你照顧？你哪有精力管我！」

| 上篇　理解叛逆，做智慧父母 |

爸爸知道女兒在跟自己賭氣，掏出一疊錢，遞給她：「這是給你的生活費，好好念書！以後再出去，你出去一次，我打你一次！」

敏敏喊：「打我？你打啊！我現在這樣不是你們造成的？！」然後，一巴掌拍掉了爸爸手裡的錢。

在這個案例中，表面上看，敏敏出現不當的言行在於缺乏父母的管教，其實歸根究底還是在她已經到了叛逆期，想要反抗父母的管教。她覺得，父母都是錯誤的，自己是正確的。

叛逆期的孩子，已經具備了一定的成人思想和認知，為了向父母證明自己已經長大了，就會進行反抗，但是很多父母並不這樣認為。多數父母往往只看到孩子的反抗言行，無法看到孩子叛逆背後的痛苦。

其實，所謂的叛逆，多半都源於一種對束縛的反抗。現實中，很多父母都會強迫孩子聽話，命令他們服從自己的指揮，如果孩子不按自己的要求去做，父母就會感到不滿，甚至還會又打又罵，孩子不得不反抗，如果遇到暴力型的父母，他們更會針鋒相對，「反抗」的狀況也會愈演愈烈！

叛逆期是孩子從孩提時期到成年人這一歷程中最艱難的階段，他們的思想會一點點成熟，但更多的是迷茫，是對自我肯定的渴求。為了向成人展示「我的想法是正確的」，就會對父母的管教進行反抗；為了證明自己的見解和人生觀是正確的，他們會懷疑或摒棄父母的意見，甚至還可能抗拒家庭固有的生活

第二章　需求導向：揭開孩子叛逆的心理動機

方式和傳統。

那麼，對於抱有這種心理的孩子，父母應該如何與他們相處呢？

一、引導孩子接觸健康的人和事

聯合國兒童基金會的青少年發展專家德巴西什・杜塔（Debasish Dutta）認為：「青少年經常做與音樂、體育、美術等相關的事，這方面的神經連線就會持續生長；他們接觸了較多的吸毒、打電子遊戲、暴力等內容，相關的神經連線就會保留下來。」所以，為了讓孩子健康成長，父母就要主動幫孩子清理掉負面的東西，讓他們遠離遊戲、暴力等不良刺激，引導他們將自己的時間都花在特長以及體育、美術等愛好上，讓孩子們保持積極向上的腦神經連線。

同時，為了讓孩子更加健康、陽光、正面地成長，就要讓他們多接觸以下這些人：

1. 性格開朗的人。心態決定著命運，愛笑的孩子，運氣一般都不會太差。同時，研究還發現，跟樂觀、開朗、活潑的人交往，孩子們就能不自覺地受到他們情緒上的感染，經常跟陽光樂觀的孩子一起玩，孩子也會變得更加正面向上。

2. 有共同志趣的人。隨著孩子年齡的成長，閱歷和見識也會不斷增加。叛逆期，也是孩子形成正確的人生觀、價值觀的關鍵時期。這個階段，父母要特別注意孩子的交友情況。這時

候，孩子的自我意識已經完善，他們想要脫離父母的控制，為了不讓孩子走偏，就要引導孩子結交一些有共同興趣的朋友，保持三觀一致，有共同話題，實現共同進步。

3. 有禮貌和有內涵的人。與有內涵的人在一起，身上的戾氣就會減少，還能變得更有教養，不會變成「熊孩子」；跟有禮貌的人相處，孩子也能檢查自己的行為，為人處世變得有禮節。

4. 情緒穩定的人。有些人情緒不穩定，說風就是雨，隨心所欲，這些都不利於孩子的健康成長，不要讓孩子跟這種人交流；要讓孩子主動結交能夠控制自己的情緒、做事有分寸的人。

5. 正直且誠實的人。與人相交，關鍵在於人品。如果對方直來直往，沒有多的小心機，可以鼓勵孩子與他交流；如果對方說話拐彎抹角、內心灰暗，就要讓孩子盡快遠離。

二、尊重孩子的自尊心

托爾斯泰說過：「幸福的家庭都是相似的，不幸的家庭各有各的不幸。」

有人曾做過一項調查，問孩子「最崇拜的人是誰？」結果顯示，處於前三位的是父母。

這些孩子為何會擁有良好的親子關係呢？根本原因就在於父母懂得尊重孩子。傷害孩子的自尊心，是教育孩子的大忌。如果孩子不自重，沒有尊嚴，人格備受踐踏，就無法用正常的心態面對人與事，無法正確面對人生。

第二章 需求導向：揭開孩子叛逆的心理動機

舉個例子，週末有客人來訪，如果你正在和孩子談論某件事，不要因客人而放下孩子不管，而是告訴客人「我和孩子談完就過來，您先坐」。

事實證明，只有具備強大的自尊心，孩子才能發憤圖強，創造出更多的奇蹟。因此，在生活中，要把孩子當成一個獨立的個體，尊重孩子的人格，認真對待孩子，用心去感受孩子的訴求。

三、尊重孩子的個體差異

每個孩子都是獨立的個性，每個孩子都有其存在的意義和價值，不要總是要求孩子和別人家的孩子一樣。孩子和孩子之間本來就存在個體差異，但在現實中，並不是所有的父母都能尊重孩子的個體差異。如果父母能接受孩子的優缺點，孩子就能往自己喜歡的方向發展；如果父母心高氣傲，總覺得自己的孩子萬般不好，強迫孩子成為自己理想中的樣子，不僅父母會感到痛苦，孩子也會感到異常不舒服。

在這個世界上，任何兩片葉子都不是完全相同的，任何兩個孩子也不是完全相同的。孩子各階段的發展都不同步，有的階段發展快，有的階段發展慢，這些都是孩子各階段發展過程中的正常現象。父母要尊重孩子的這一發展特點，對孩子進行觀察，獲得具體真實的訊息。

為了了解叛逆期孩子的個體差異，父母就要細心觀察、充分溝通，了解孩子的個性，認真傾聽孩子的需求；孩子遇到困難

或挫折時,要及時給予支持與鼓勵,讓孩子持續感受到父母對他們的愛。此外,每個孩子的家庭環境不同,個性也不完全相同,有的活潑開朗、有的內向文靜、有的善於表達、有的沉默寡言⋯⋯。對於這種個體差異,父母必須予以尊重,然後有針對性地進行引導教育,幫助孩子們樹立信心,讓他們健康成長。

我要對你說

隨著孩子自我意識的逐漸增強,他們渴望被尊重,渴望被平等對待,父母忽視了孩子的情感需求,單方面地對孩子發號施令和威壓,孩子就只能選擇兩條路 —— 一條是以對抗的方式來頂撞父母,和父母作對,甚至出現更過激或具有攻擊性的行為,成為一個標準的「叛逆」的孩子;一條是在孩子的心中埋下反抗的種子,在父母的打罵或貶低中成長,直到壓抑的情緒爆發出來。這時候,父母最明智的做法就是,學會傾聽,接收孩子的所思所想。

試探父母底線,觀察反應

教育學家班傑明・布魯姆(Benjamin Bloom)說過:「當一切條件具備,情感壓榨是沒有限度的。」如何理解這句話?

先來看看下面這個例子:

第二章 需求導向：揭開孩子叛逆的心理動機

果果愛吃糖，為了她的健康，媽媽規定她每天只能吃三顆糖。

這一天，果果吃完三顆糖之後，向媽媽請求：「媽媽，我還想吃一顆。好不好？」

媽媽心軟，又給了果果一顆糖。

沒過一會兒，果果走過來說：「媽媽，能不能獎勵我一顆糖，我幫你打掃環境。」

媽媽覺得還算合理，又給了果果一顆糖。

沒過一會兒，果果又來了，以各種理由索要糖果。這個時候，媽媽意識到不對勁，拒絕給她糖吃。

結果，果果不高興了。

孩子為什麼會一次次地向父母索要糖果？顯然，是試探。如果這樣的試探沒有遭到拒絕，孩子的試探行為就會持續發生。

叛逆期的孩子喜歡接觸新事物，熱衷於去網咖、遊戲廳等。為了替自己找藉口，他們就會不斷試探父母的底線。

外出前，媽媽替凡凡抹防曬乳，凡凡不好好待著，拿著防曬乳的瓶子一溜煙跑掉了。

媽媽喊：「喂，去哪兒啊？快點擦，我們就要出發了！」凡凡不聽，擠出一些防曬乳，抹在了鏡子上。

媽媽立刻制止：「啊呀，別亂抹，別浪費！」

凡凡得寸進尺，又擠出一些，抹在了門上、沙發上。

媽媽繼續制止：「怎麼回事啊你？擦臉的東西你往哪擦？」

上篇　理解叛逆，做智慧父母

凡凡熱情滿滿，又擠出一些，居然抹在了電視機上。

媽媽很生氣，後果很嚴重：「凡凡！」跟孩子鬥智鬥勇，無時無刻。

媽媽：「凡凡，你來，告訴媽媽，防晒乳是做什麼用的？」凡凡不以為然：「擦臉吧！」

媽媽：「防晒乳，就是防晒的，你出門時，晒不晒啊？」凡凡瞇起眼睛看著天，好像很晒的樣子：「嗯，太晒了！」媽媽：「所以啊，擦上這個，我們就不怕晒了。」

凡凡點點頭。

媽媽：「那你看這些鏡子、門、沙發、電視機，它們怕晒嗎？」凡凡想了想：「我覺得，應該不怕晒吧？」

媽媽：「為什麼呢？」

凡凡：「因為它們沒有出去，沒有看到太陽。」

媽媽：「哈哈，對！那我們還是別替它們擦了，留著我們下次出去再擦。」

就這麼一邊說著，一邊已經替凡凡擦好了防晒乳。

叛逆期的孩子喜歡試探性地挑戰父母的底線，看到父母很生氣，他們就特別高興，然後透過語言和行動上的反抗來測試父母的耐心，想知道父母對他的頂撞做出何種反應。同時，也告訴大人：「我已經不是小孩了。」遇到孩子的這種頂撞和反抗時，父母一定要明確地表明態度，不管是否允許，都要徹底執行。除了危險和有悖原則的事不能讓孩子做主外，跟孩子有關的其他事情，

第二章　需求導向：揭開孩子叛逆的心理動機

都要多給孩子一些權利，讓他們按照自己的意願來行事。

無限制的愛，是情感壓榨的必要條件。不管哪種情感關係，都需要保持平衡；一旦失衡，天秤就會越來越傾斜，直到「翻車」。

一、給孩子愛，要有條件

心理學家愛德華・特朗尼克（Edward Tronick）做過一個著名實驗，即「靜止臉」。結果發現，一位媽媽和孩子進行正常互動，媽媽用誇張的表情和情緒來回應孩子，孩子的情緒變得高漲，願意跟媽媽講更多的內容。如果媽媽對孩子的互動不予回應，並用冷漠的臉對待孩子，孩子就會感到緊張，慢慢地，情緒就會變得失控，痛哭不止，坐立不安。

父母的「回應」對孩子的重要性由此可見一斑。

當然，這裡所指的條件其實是一種回應，既是一種情感上的回應，也包括一種行為上的回應。孩子對父母表達愛，自然也希望獲得父母愛的回應。舉個簡單的例子──孩子幫你收拾了碗筷，你至少應該說一句「謝謝」，或親他一下，幫他倒一杯水……，不管回應的方式和內容如何，都要做出回應。

二、堅持原則，少談條件

之前曾看到一個影片：

一名 8 歲男孩疑似摸了一位年輕女子的臀部，年輕女子感

上篇　理解叛逆，做智慧父母

覺被侵犯了，就唸了男孩幾句。

男孩的媽媽聽到別人攻擊自己的兒子，立刻發飆了，說：「碰到了就碰到了，你罵什麼，一個8歲的孩子⋯⋯。」接著，就將手裡的帽子砸向了對方。

被打的女子全程沒有還擊，只是和他們講理：「妳還好意思打人？」男孩媽媽又要衝上去打人，被旁邊的美女拉開了，她又罵：「關妳什麼事？」

男孩媽媽的親友一樣不講理，指責對方有妄想症，出口成「髒」。

當著孩子的面，跟他人大打出手，辱罵他人，看起來是在保護孩子、愛孩子，其實，只會給孩子造成負面影響，讓孩子覺得摸臀部沒有錯，打人是對的、罵人也不錯。

父母保護孩子不受傷害，確實值得肯定，但縱容孩子犯錯，就犯了致命的錯誤。8歲的孩子已經上小學了，不管是有意的觸控，還是無意的觸碰，只要孩子做錯了事，父母都應該讓孩子主動跟對方道歉，教會孩子文明用語，不能像潑婦一樣當眾謾罵，否則即使贏了，也會輸掉孩子的教養。

溺愛最明顯的表現就是不講原則、不講底線、不講規矩，一旦孩子發現父母對他的愛是無原則的，規矩也就成了擺設。要想約束孩子的行為，就要立規矩、設定框架和禁區，讓孩子知道在某些問題上應該講情感、講原則；只要設定了規則，就不能感情用事而破壞規則。

第二章 需求導向：揭開孩子叛逆的心理動機

三、讓孩子明白付出和回報的關係

要讓孩子知道，努力終會有回報。如何做到這一點呢？首先，父母就要狠下心，改掉孩子身上的一些壞毛病。

玉玉已經上小學了，由於從小被父母溺愛，養成衣來伸手飯來張口的壞毛病，跟父母要零用錢也是理直氣壯的。

這一天老師聯絡了玉玉的父母，將玉玉在學校的情況反應給他們，父母這才知道，原來玉玉在學校裡非常自私，只知道一味地索取，卻從來不懂得付出。

經過商量，父母決定對玉玉進行改造，首先改掉她的自私、喜歡不勞而獲的壞習慣。

這一天，爸爸嚴肅地告訴玉玉，以後她的零用錢要靠替父母打工賺取。玉玉不滿，大聲哭鬧，爸爸不為所動，替她安排了整理自己的房間、打掃客廳之類的家務。

剛開始時，玉玉並不按照爸爸的安排去做，但是當她沒有零用錢，伸手索要時，果真遭到了父母的拒絕。

玉玉無奈，只好做起了父母交給她的任務，做完之後，玉玉得到了「勞動報酬」。

經過一段時間的「改造」，玉玉逐漸改掉了一些壞習慣。

這樣做，不僅能改掉孩子懶惰的習慣，還能讓孩子體會到「付出才有回報」。父母要透過自己的言傳身教，讓孩子明白這個道理，比如，對孩子說：「爸爸只有上班，才能賺到薪資。」、「媽

媽辛苦地做飯，你才能吃上香噴噴的飯菜。」同時，還要引導孩子樹立正確的價值觀，讓孩子知道每件事的完成都需要付出努力，自己獲得的一切都是父母愛的付出。

> **我要對你說**
>
> 不要以為叛逆期的孩子什麼都不懂，其實，他們很會察言觀色。他們會從大人的反應中探測到某件事是否可以做、做完之後的結果……。父母堅守原則，孩子就能知難而退；父母態度模稜兩可，孩子就會覺得有機可乘。千萬不要小看了心生叛逆的孩子。

渴求關注，成為焦點

每個人都渴望被關注，叛逆期的孩子更是如此。當父母因為工作而忽視了孩子、冷淡了孩子，孩子就會透過叛逆行為來引起父母的注意。這時候，只要父母給予孩子足夠的關注，他們也不會蠻不講理。

這裡有三段女孩的牢騷——

女生 A 幽幽地說：

「我爸媽心裡只有那個店面，早上我在他們的睡夢中出門，晚上他們在我的睡夢中進門，只有週末能見到面，但話沒說幾

句,他們又匆匆趕往店裡了。唉,感覺父母就像一幅畫,知道他們的存在卻無法對話,哪天我沒有回家,我猜他們也覺察不出來。」

女生B痛苦地說:

「自由萬歲。好羨慕你,我媽就像個神經病,不上班的女人簡直太可怕了,她把所有的精力全用在我身上,這個不能做那個不能做,每天悄悄地盯梢不知多少次,有一次睡到半夜三更,我潛意識感覺身邊有黑影,猛然睜眼一看,媽呀,我的親媽正在幫我蓋被子!當時我嚇得尖叫。總是把我當三歲的小孩子,只要我在家,她的目光就沒有離開過我,太壓抑了。」

女生C輕鬆愉快地說:

「還是我爸媽好,他們密切地關注著我,但極少干涉我。只要我決定的事,哪怕錯得離譜,他們只發表一些建議,至於我聽還是不聽均不強求。他們就像一個靈敏的感應器,在我沮喪煩悶時,他們會默默地與我保持一段距離;在我心情愉悅時,他們會裝著很不經意的樣子點撥一下;在我春風得意時,他們會放下手中的事情與我一起分享快樂。就是有時候,唉,我也說不清,不知道為什麼還是會對他們發脾氣。」

為了被他人重視,為了得到他人的肯定,叛逆期的孩子就會頂嘴、唱反調或哭鬧,這時候大人多半都會給孩子更多的關注。這樣,孩子就能利用「反控制」、「對抗」等行為,達到自己的目的。

| 上篇　理解叛逆，做智慧父母 |

在20世紀的美國，有一個著名的工廠叫霍桑工廠。一位管理者發現，無論是基礎設施的增設，還是員工福利的提升，都無法激勵員工，無法提高生產效率。管理者思考了很長時間，都沒有找到問題究竟出在哪裡。後來，一位心理學專家進行了認真調查研究，結果發現──知道自己正在被關注或觀察的工人，工作往往更賣力、更積極。

這就是著名的「霍桑效應」。

叛逆期的孩子充滿了矛盾，他們一方面想擺脫父母的管控，想要做獨立的自己，想要為自己的事情做主，一方面又渴望得到父母的關注。如果他們的這種內心渴望沒有得到滿足，為了引起父母的注意，他們可能會採取一些叛逆行為，比如跟父母頂嘴、故意無理取鬧等。

在親子相處的過程中，孩子會出現多種叛逆表現，父母與孩子發生親子衝突，都是正常的磨合過程。要想讓孩子感受到關注，父母該怎麼做？

一、理解並接納孩子的叛逆

對待孩子的叛逆言行，父母要用一顆平常心理解並接納孩子。

叛逆期孩子的自尊心都比較強，最反感父母的指責、批評甚至打罵。如果父母依然採用專制、權威式的家庭教育方式來管教孩子，就會傷害孩子的自尊心，加重孩子的叛逆心理。因此，父母要理解並接納孩子，一旦孩子出現了叛逆行為，就要選擇

第二章 需求導向:揭開孩子叛逆的心理動機

合適的時機進行有效引導。

在觀念上,父母要承認叛逆期的存在;在行動上,父母要對孩子的行為給予正面的引導和幫助。既可以對家庭教育方式做出相應的調整,也可以為孩子提供解決問題的方法,讓他們找到突破口,還可以推薦一些有助於孩子成長、思考的書籍,允許孩子脫離父母成為獨立的個體,鼓勵孩子和同齡人交流、接觸等。

在對待孩子的叛逆行為上,僅簡單粗暴地認為——孩子處於叛逆期,誰的話也不願意聽,你不想要我管,我也懶得瞎操心,反正撞了南牆,你就知道痛了⋯⋯,然後,名正言順地撒手不管。這是父母不負責的表現。對於叛逆期的孩子,父母一定要加強管理,密切關注,適時管教。

二、了解叛逆行為背後的需求

叛逆行為都是表象,父母要看到其背後不被滿足的需求,了解孩子不聽話的深層原因,有針對性地對他們進行引導。對於叛逆期的孩子,父母不能只關心他們的衣食住行,更要深入關注他們的深層次需求。

1. 尋求關注。如果父母很忙或自身情緒不穩,無暇顧及孩子的內心需求,孩子就會認為,只有得到關注,自己才是有價值、有意義的,才能感受到歸屬感。為了引起父母的關注,他們就會用盡一切辦法,甚至做出極端行為。比如,很多叛逆期的孩

子想過自殺和自殘,其實他們並不是真的想死,只是渴望被認真對待罷了。

2. 獲取權利。家人之間常用的溝通句式是「應該」和「必須」,慣常的態度是批評和指責,不允許犯錯,更不允許表現得軟弱、無能和失敗,這樣的家庭,孩子就無法獲得說話的機會。其實,強勢的父母多數都是紙老虎,他們一般都非常在意對方,尤其是孩子。但是,孩子卻認為只有自己說了算或至少不是由父母發號施令時,他才會有歸屬感。因此,為了獲取權利,孩子就會有很多叛逆行為。

3. 報復行為。家庭中缺乏溫情,彼此之間冷漠,甚至還存在羞辱、打罵等虐待行為,孩子成了實現家庭夢想的工具,父母錯誤地認為一切都是為了孩子好。父母認為自己很愛孩子,孩子感受到的卻是不信任、不滿意和被嫌棄,孩子覺得父母愛的是優秀的自己,而不是真正的自己。為了報復父母,有些孩子就會叛逆。其實,孩子並不想傷害父母,只想好好地被愛一回。

4. 自暴自棄。孩子使用了各種辦法,依然無法獲得歸屬感和價值感,就不再想從父母和他人那裡獲得關注和權利。他們覺得自己沒有價值和意義,就會自暴自棄,厭學逃課、違法犯罪、吸食毒品、網路成癮、傷害自己或他人,甚至自殺。

三、將「關注」的作用充分利用

很多父母認為,孩子到了叛逆期,僅採取說教的方式,無

第二章 需求導向：揭開孩子叛逆的心理動機

法改變他們的行為，因此在教育孩子時，就會對孩子實行棍棒教育。其實，對孩子實行棍棒教育並不可取。很多孩子之所以叛逆，是為了獲得父母的關注；用棍棒教育孩子，只會讓孩子變得更加叛逆。

孩子叛逆期行為並不是無法改變，只要及時調整自己的教育方式以及與孩子的相處模式即可。既然孩子的叛逆是為了引起父母的關注，父母為何不充分利用這一點對孩子進行引導和教育？

如果孩子叛逆是為了引起父母的關注，父母就要多關注孩子。只有從源頭上改變自己的思想，才能真正給孩子需要的關注，父母應改變自己認為「孩子不需要關注」的看法。

當孩子遇到自己無法解決的事情或問題時，要讓他們主動跟老師或父母溝通，及時得到回應，以免繼續叛逆。

父母是孩子的「引路人」，要利用關注的作用，認真傾聽孩子的心聲，讓孩子健康成長。

我要對你說

孩子的認知程度還沒有發展到一定程度，喜歡用他們以為行之有效的方式來滿足自己被關注的需求。用越嚴厲的方式去關注他們的不良行為，越會強化他們這樣做的意識，時間長了，孩子就能自我證實。失去了父母和老師的支持，他們會想，與其拼了命還不能達到父母的預期，倒不

如放縱自己。一旦有了這樣的想法，孩子接下來的路就會越走越偏。

表達自我，堅持個人觀點

孩子慢慢長大，有了自己的想法，很多叛逆期的孩子之所以不想聽父母的話，多半是為了向父母爭取屬於自己的空間和權利，如果父母獨斷專行，總以權威強迫孩子，為了讓父母妥協或答應他們的要求，孩子就會用反抗的方式來表達自己的觀點、證明自己的能力。

這時候，孩子並不是要故意跟父母作對，只是想向父母證明：「我能獨立做出判斷，有自己的觀點和認知」。父母以「愛」的名義，阻攔孩子做事，孩子不理解大人、不接受這種「保護」，只要父母拒絕，孩子就會變本加厲，非做不可的欲望會更強。排斥、抵抗和唱反調等行為都會讓孩子體會到一種「成就感」，他們會覺得自己也能做大人的事，希望得到他人的肯定。

文文是一名三年級的小學生，父母平時工作忙，只能讓長輩幫忙照顧。父母的上班時間很不規律，回家多半都在晚上十一、十二點，這時文文早已入睡，即使是週末，他們有時也很忙，很少能跟文文玩耍和溝通。而文文似乎有很多話想跟他們說，比如，想讓他們多買些課外書，覺得奶奶今天某件事做得不對，認

> 第二章 需求導向：揭開孩子叛逆的心理動機

為某件事應該如何做⋯⋯。父母依然不時地晚回，文文想說的話說不出來，平時表現不明顯，但是一到週末，他就會做出一些反常的事情，不得消停。奶奶打電話告狀，父母只會在電話裡訓斥文文。聽著父母的訓斥，文文的情緒逐漸變得低落。

叛逆期的孩子已經漸漸長大，對事情有了自己的判斷、自己的想法，更希望向父母傾訴。如果這個需求得不到滿足，他們很可能就會用搗亂來表達自己，而對於他們的做法，很多父母都會以訓斥做出回應。即使是表面上看起來活潑好動的孩子，內心也非常脆弱，被老師或父母責罵後，情緒也會變得低落。

四年級的凡茜各方面都很優秀，但其他孩子都不喜歡她，因為她特別愛表現。元旦前夕，老師讓同學們準備才藝表演，凡茜報了合唱和獨奏兩個項目，還想跳舞。為了不耽誤她的功課，班導拒絕了她報名跳舞，因為僅合唱和獨奏兩項，就占用了大量的課餘時間。凡茜跳舞報名失敗，但她每天練習完合唱後，都會到舞蹈教室觀看。這一天，跳舞的幾個同學找到班導，告訴他，凡茜每天都去看她們跳舞，總是指指點點，不是說這個動作不對，就是說那個表情不好。同學們都很討厭她，想讓班導跟凡茜說，讓她以後不要再去看了。班導找凡茜溝通，凡茜只能作罷，但她變得更誇張了，只要一下課，就在教室裡跳舞，惹得同學們更加討厭她。

在上述案例中，凡茜之所以做出評論同學跳舞、下課時間跳舞等行為，主要原因是她的想法沒有被老師的重視，不被同學認

可。其實,她的跳舞願望並沒有錯,只不過老師沒有允許。自己的要求沒有被滿足,失去表現自己的機會後,她就做出了讓他人覺得匪夷所思的行為,讓別人都討厭她。

在青少年的成長過程中,他們想要表現,希望得到他人的認可。這些原本也是一種正常的現象。因為只有表達自己,得到他人的認可,才能為他們的獨立做好準備。父母忽視了他們的這種情感需求,不進行正確引導,孩子就容易做出一些叛逆的行為。

事實證明,只有讓孩子知道自己為什麼會出現如此強烈的內心渴望,他們才能調整心態,正確面對。父母的認可是孩子獲得自信的源頭,為了讓孩子相信自己,就要鼓勵他們多表達,引導他們將自己的想法說出來。同時,要讓他們更好地展示和證明自己。

一、不能以愛的名義責罵孩子

經常被責罵的孩子,很容易產生叛逆心理,他們會因為不自信而變得內向、自閉,不喜歡跟人交流。因此,對待孩子,要以引導為主,即使他們某件事做錯了,也要耐心疏導,告訴他們為什麼錯了?錯在什麼地方。

為了讓孩子聽話,很多父母都喜歡說「為了你好」,可是這句話卻特別招人煩,即使是大人,也無法透過這句話感受到對方的善意,更不要說叛逆期的孩子。因此,在責備或懲罰孩子時,最好不要加上這句話,否則只會讓孩子感到困惑。

第二章 需求導向：揭開孩子叛逆的心理動機

被父母責備，孩子心裡都會感到不舒服。這是非常正常的心理反應。如果孩子愛表現，父母要予以肯定，千萬不要對孩子進行語言侮辱或打擊，否則孩子會覺得自己做錯了，甚至還會產生心理負擔。

二、給孩子提供一些表現的機會

從本質上來說，家庭民主其實就是替孩子創造或提供充分表現自己的機會。舉個例子，如果父母工作很忙，就可以從小培養孩子的自理能力，讓他們自己熱飯、熱菜，寒暑假時還可以讓孩子自己買菜、做飯，繼而將孩子鍛鍊得很會「過日子」，把家裡的一切都安排得井然有序。讓孩子「早當家」，孩子的生活才能過得充實，動手能力才能提高。

進入叛逆期的孩子，會經歷人生中最痛苦、最危險，過程最曲折的「心理斷乳期」，他們需要塑造一個全新的自我，父母要允許孩子經歷「醜小鴨」的演變階段。

家庭的氣氛民主，不僅有利於孩子充分表達自己的心理需求，還有益於孩子興趣愛好的培養和發展。明智的父母，通常都允許孩子出現各種不成熟的心理，比如無知、笨拙、偏見、幼稚、衝動、軟弱、急躁、放任、膽怯、焦慮、緊張等，然後進行引導，有想法地對他們進行幫助，讓家長成為孩子的良師益友。

三、讓孩子學會顧及他人的感受

「能夠顧及身邊人的感受」，是建立良好人際關係的一個重要表現。要想讓孩子成為一個踏實勤勞、體貼周到的人，就要告訴孩子：「不能忽視其他人的感受」。

有一個小男孩，覺得消防員叔叔們很偉大，寫了一封信給他們，信裡說：

「我希望這個世界永遠不要發生火災⋯⋯，希望我們的國家能發明更先進的武器，來幫助你們滅火。」他還帶來了家裡所有的冰淇淋，和自己存的零用錢，只希望消防員叔叔們吃完後能涼爽一些。

小男孩的舉動讓我們看到 —— 有同理心的孩子，都是善良的。

所謂同理心，就是感受別人的感受。為了理解別人，必須觸碰到自己心裡可以理解別人感受的部分，能夠換位思考，理解和照顧別人的情緒，給他人以溫暖和善意。

杜克大學和賓夕法尼亞大學曾針對同理心做過一項長達 20 年的研究，他們記錄了 750 多個孩子的成長經歷。

最終發現，幼稚園時期就樂於分享、喜歡幫助別人的孩子，多數都考上了好學校，找到了好工作。這個實驗告訴我們 —— 擁有同理心的孩子，不管在學校，還是在社會，都能表現得更出色，更能適應社會，繼而得到他人的尊重和喜愛，人生之路

第二章　需求導向：揭開孩子叛逆的心理動機

也會走得順暢很多。

對於叛逆期的孩子來說，只有真正地做到推己及人，才會自覺地遵守規則。缺少同理心，孩子是無法做到這一點的，往往更容易違反規則，損害他人的權益。

我要對你說

表現欲，是孩子「人來瘋」最根本的原因之一。尤其是有外人時，孩子的表現欲會膨脹，會用各種方法來吸引別人的注意力，竭力表現自己。如果能夠拿捏好其中的分寸，孩子就是自信的。但是，叛逆期的孩子往往無法拿捏好分寸，會過度表現自己，忽略了別人的感受，讓別人煩不勝煩。

上篇　理解叛逆，做智慧父母

第三章
智慧應對：理解叛逆，助力孩子成長

了解孩子的內心世界

叛逆期的孩子最容易情緒不穩定，總是希望透過另類的言行，引起周圍人的關注。為了顯示自己的獨立，他們會對所有的事情進行批判和否定，尤其是父母管教他們時，為了顯示自己的獨樹一幟，他們會用尖銳刻薄的語言進行反駁。如果父母當著同伴或異性同學的面，對他們進行管教，他們的反抗心理會更嚴重。

六六小時候很調皮，搗亂打架是常有的事情，初時是鄰居街坊投訴，後來就是老師同學投訴。開始時，父母還有耐心分析道理給他聽，讓他道歉，後來同樣的事情多了，六六就不耐煩聽了，父母也不耐煩說，說得再多孩子也聽不進去。

雙方的不理解就導致了心理上的慢慢疏遠，在學校，六六喜歡打架，老師對他無可奈何，索性就聽之任之了；同學們疏遠他，他也融入不到同學中，越來越厭煩學校，逃課厭學、通宵上網等，父母拿他沒有辦法了。

上篇　理解叛逆，做智慧父母

　　在家庭教育中，打罵可能產生兩種後果——一種是更激烈的反抗，一種是沉默。兩種後果都會讓孩子走向極端，做出大人無法理解的事來。

　　生活中，很多父母都說孩子不懂事、不聽話、沒辦法溝通，其實很多時候是父母用錯了方法，對孩子非打即罵。殊不知，打罵是家庭教育中最失敗的方式。從本質上來說，叛逆就是父母的教育方法跟不上孩子的成長速度。父母只有帶著好奇心與孩子進行溝通，平易近人、輕言細語，孩子才能直接將自己的意見表達出來。

　　孩子出現叛逆言行，父母不要和孩子短兵相接，要放低姿態，先讓孩子冷靜下來。然後，站在孩子的角度思考問題，採取積極有效的辦法，幫孩子樹立正確的價值觀，讓他們清楚事情的對錯。只要對孩子進行正面的引導，多半都能幫助孩子安全度過叛逆期。

　　叛逆，是孩子成長過程中的一種普遍現象，是多數孩子成長的必然規律之一，雖然父母感到煩惱甚至憤怒，但自有其存在的合理性。因此，父母既不要太焦慮，也不要跟叛逆的孩子唱反調，要認真分析原因，採取正確的方式，沉著應對。

一、溺愛型叛逆

　　在教育孩子的過程中，有些父母過於溺愛，對孩子言聽計從，孩子要什麼，就給他們什麼；孩子想怎麼樣，就讓他們怎麼

第三章 智慧應對：理解叛逆，助力孩子成長

樣。即使孩子惹是生非，有的父母也想說孩子幾句，但只要孩子一鬧，父母立刻就會妥協，只要孩子不哭不鬧就行了。可是這樣做，對孩子性格的養成沒有任何好處，一旦在生活中遇到挫折，孩子就會心生怨恨，甚至埋怨父母。

父母過度溺愛和嬌慣，全家人都以孩子為中心，孩子就會變得自私自利，不管做什麼事，都得聽孩子的，稍不如他意，就會大哭大鬧。一旦養成了被順從的習慣，孩子就會以自我為中心，聽不進父母的話，跟父母唱反調；父母多說幾句，就會頂撞，甚至離家出走。

父母特別寵愛孩子，即使孩子犯了錯，也無原則地遷就。時間長了，孩子就會覺得，自己無論做什麼，別人都會順從，從而變得驕橫跋扈，問題也會變得越來越嚴重。父母想管教時，孩子已經養成不良習慣，親子衝突自然也就出現了。遇到這種孩子，父母要主動關愛他們，但不能溺愛，不能無原則地縱容。其次，要延遲滿足孩子的某些需求，讓孩子學會珍惜和尊重。最後，要學會拒絕孩子，對於孩子提出的不合理要求，要果斷拒絕並說明原因。

二、受挫型叛逆

孩子進入叛逆期後，對自我的認知會逐步加深，逐漸具備一定的能力，想透過自己的努力來實現自己的目標。可是想法太多，需要承受巨大的壓力。再加上沉重的學業壓力和生活壓

力，也會給孩子帶來不小的精神負擔。一旦遭遇挫折，孩子就會做出一些叛逆的行為，表現得與社會水火不容。

叛逆期的孩子脆弱而敏感，無論是遇到課業問題，還是被父母或老師責備，抑或是同學間產生摩擦，他們的情緒都會受到影響，他們會感到難過，甚至感到自尊心受傷。不對孩子進行必要的安慰和開導，他們會恐慌，或敵視周圍的一切，繼而跟父母發生爭執。

因此，為了緩解這種情緒，首先，父母要關注孩子，努力營造一個溫馨、寬鬆的家庭氛圍，有效幫助孩子緩解壓力。其次，要讓孩子盡情傾訴，一旦發現孩子情緒反常，就要找個合適的時機跟孩子溝通，進行正面引導。最後，不要給孩子貼「壞孩子」的標籤，不要只盯著孩子的缺點，要多看孩子的長處。

三、壓抑型叛逆

為了減少孩子的反抗，有些父母總會要求孩子「聽話」。孩子不敢反抗，只能被動接受，成為家長眼中的「好孩子」。但這種太聽話的孩子，將來很可能會成為問題孩子。他們雖然從來都不會違背父母的意願，不會反抗，不會為自己辯解，但這並不意味著沒有矛盾，他們只會將矛盾埋藏在心裡。隨著自我意識的不斷增強，他們會越來越渴望自己做主，會不顧死活地反抗父母，甚至產生激烈的親子衝突。對於這種孩子，首先要給他們選擇的權利，遇到跟他們相關的事情時，要多商量，千萬不要代替孩子做決定。

第三章　智慧應對：理解叛逆，助力孩子成長

其次，要跟孩子分享對各種事情的看法，肯定孩子的努力。最後，不要在孩子面前扮演全能角色，要了解孩子、尊重孩子。

> **我要對你說**
>
> 從小到大，孩子總要經歷幾次的蛻變，而蛻變的過程不僅是身體的長大，更是思想的成熟，他們會有不同的叛逆表現。作為父母，一定要及時了解孩子是否正處在叛逆期。如果孩子有了叛逆表現，父母千萬不要打罵，一定要採取正確的方式。

尊重孩子，建立平等關係

尊重，是人與人交往的基本原則，也是親子相處的原則。叛逆期的孩子自尊心很強，極度渴望得到大人的尊重，因此，要想減少他們的對抗與叛逆，方法之一就是給他們足夠的尊重，即尊重他們的選擇、尊重他們的性格和想法。

現實生活中，我們總能看到這樣的場景：

週末，孩子想要跟同學出去打籃球，但媽媽不同意，理由是外面不安全，而且還要寫作業。孩子不高興，堅持要出去，媽媽更加生氣了：「出去了，就別回來！」孩子狠狠地瞪一眼：「你以為誰想回？」然後，抱起籃球，摔門離開。媽媽無可奈何，也

上篇　理解叛逆，做智慧父母

倍感委屈，只能偷偷落淚，覺得孩子不聽自己的話。

有個女孩個性較溫吞，不管做什麼事都慢半拍。升上五年級後，作業變多，每天晚上寫作業都要寫到12點。媽媽責備她：「其他孩子10點就能寫完的作業，妳都得寫到12點，妳是不是故意的？」

看到媽媽不理解自己，女孩說：「我本來就性子慢，妳又不是不知道。妳不就是想讓我寫完作業後，做妳替我買的練習題嗎？」

媽媽說：「我讓妳多做一些題，不都是為妳好嗎？」女孩反駁：「誰買的誰做。我沒時間。」

看到女兒這樣對自己說話，媽媽氣得一晚上都沒睡好覺。

在生氣時，人們一般都容易衝動，衝動就容易犯錯。進入叛逆期的孩子，身體在快速生長，隨著體內激素的不斷升高，就容易情緒化。再加上獨立意識和自我意識的萌發，更想擺脫父母的控制。不管什麼原因，對孩子大發脾氣，只能讓孩子進一步將自己封閉起來，更不願意跟父母交流；他們也會變得更加叛逆，習慣於跟父母唱反調。其實，只要父母換個角度，給孩子足夠的尊重，他們就會對你多一些了解，並接受你的意見，更不會用話嗆你了。

叛逆期，孩子已經懂得一些道理，遇到問題時要認真地跟他們分析利弊。同時，不要代替孩子做決定，要把決定權交給孩子，父母只要在旁邊進行保護和提供建議即可。強迫孩子按

第三章　智慧應對：理解叛逆，助力孩子成長

照你的意見去做，孩子很容易產生牴觸心理，覺得你處處約束他們，效果反而會適得其反。

一、尊重孩子的興趣愛好

美國教育家史賓賽說過：「身為父母，千萬不能太看重孩子的考試分數，應該注重孩子思維能力和學習方法的培養，盡量留住孩子最寶貴的興趣與好奇心，絕對不能用分數去判斷孩子的優劣，更不能讓孩子產生以此為榮辱的意識。」

現實中，不尊重孩子興趣的父母比比皆是。孩子想要學二胡，父母卻讓孩子學鋼琴；孩子想學乒乓球，父母卻覺得學英語更好；孩子什麼都不想學，父母卻強迫孩子學習各種才藝……。

人各有志，每個孩子都有自己的興趣與愛好，父母不能勉強，也不應勉強，否則只能引起孩子的反抗心理，甚至讓叛逆的孩子更叛逆。

有個二年級的男孩很喜歡小汽車模型，課餘時間總喜歡玩一些汽車模型或看一些相關的書籍，但媽媽卻不支持他。

媽媽覺得玩汽車模型會影響課業，就不讓孩子帶模型去學校。為了讓老師配合，她還向老師打電話，請老師做好監督。男孩依然我行我素，後來只要發現孩子書包裡有汽車模型，媽媽就通通扔到地上踩碎。

男孩生氣了，媽媽越不讓他玩汽車模型，他越要玩。男孩無心聽課、無心做作業，成績直線下滑。

對於孩子的興趣愛好，父母是非不分地粗暴阻止，非但沒有效果，反而會使孩子的叛逆心愈來愈重，這樣他們就更不願意跟父母講心裡話了。

如果孩子對某一事物感興趣，父母首先要幫助孩子分析利弊。如果能產生極有益的影響，就要鼓勵孩子發展自己的興趣愛好，同時進行正確的引導和培養。要告訴孩子：「只有認真學習，才能更了解自己感興趣的事物，才能做好自己想做的事」。

二、尊重孩子生氣的權利

一位父親接兒子放學，路上遇到了朋友，兩人聊了起來，等他想起要接兒子放學時，已經過了放學時間半小時。他匆忙趕往學校，在警衛室找到了兒子，一直向兒子道歉。

兒子很不高興：「怎麼這麼晚？」

父親實話實說：「路上遇到個老朋友，多說了幾句，忘時間了。」

兒子不依不饒：「哪有你這樣當爸爸的。你就不怕我走丟了？」

父親看兒子居然這樣對自己說話，語氣加重：「不就是遲到半小時嗎？你不是也沒不見？」

男孩生氣說道：「沒有不見？你的意思是，我不見了，你才會重視我？」然後，扭頭跑開。

父親又氣又急，到處尋找，到晚上 11 點才找到。

第三章 智慧應對：理解叛逆，助力孩子成長

身為父親，居然忘了接孩子的時間，甚至在兒子表達不滿時還理直氣壯。做錯了事，不自我反省，還發脾氣，難怪兒子會反感。

「生氣」是孩子感情生活中的一部分，是他們成長過程中必不可少的「元素」之一，孩子發洩憤怒，並不是故意搞破壞，動不動就嚴厲教訓孩子，就會剝奪孩子心理調節的權利，孩子長時間地將怨氣積存在心裡，會感到更緊張、更焦慮。兒童心理學者黛博拉．麥克納馬拉（Deborah McNamara）博士認為，要讓孩子將脾氣發完，不要試圖阻止孩子。當孩子的負面情緒累積到一定程度，發脾氣確實是一種宣洩情緒的好方法，阻止孩子發脾氣，會對孩子有害。理解孩子，尊重孩子，接受孩子的一切負面情緒，是應對叛逆期孩子的首要方法。

三、尊重孩子的選擇

每個孩子都需要耐心引導，尤其是處於叛逆期的孩子，父母更要做好溝通工作。為了讓孩子接受自己的建議，而使用威脅和恐嚇的語言，會對孩子造成語言暴力，激發出孩子的叛逆心。只有用溫和堅定的語氣對孩子說話，並相信孩子可以做得更好，才是明智的。

一位母親帶著女兒去買裙子。她看中了一款，女兒卻不喜歡，怎麼都不願意試穿，就跟她吵了起來，連銷售人員都受不了，她也覺得很不好意思，很想對孩子凶，讓她乖一點，聽話

一點。因為，孩子在外面鬧的時候，多數人都會認為是父母慣的，沒有教育好。

不過，母親很快又意識到，可能是因為孩子對陌生的環境不熟悉，不願意做這樣的事情，比如換衣服。然後，就讓女兒自己選。可是，女兒不選，不滿地回了家。

一個星期後，母親再次帶女兒走進了一家商場，讓她挑自己喜歡的衣服。母親只是默默地站在不遠處，讓女兒挑選、試穿，女兒最終選了她喜歡的連衣裙。

如果父母不尊重孩子的需求，孩子的憤怒就會表現出來。孩子想要堅持自己的主張，想要超越自己的極限，想要獨自成長和做事，父母一旦介入，孩子就會感到沮喪。雖然父母的出發點都是好的，但是孩子畢竟不是父母的私產，父母的阻攔或不尊重，只能讓孩子厭煩你。

每個孩子都有屬於自己的獨特個性，存在無限可能，單方面地為孩子做決定，未必是真的為孩子好，明智的做法是給孩子提供選擇的機會。習慣性地從自己的角度對孩子的行為做出評論，否定孩子的選擇，長此以往，不僅自己會感到疲累，也會讓孩子失去自我決定與承擔責任的能力。

未來，孩子必然要面臨多種選擇和做出多種決定，不具備足夠的能力，他們只會恐懼和緊張。因此，處理跟孩子相關的事情時，要尊重孩子的意見，允許他們自己選擇和決定，父母只要對他們表示尊重即可。

第三章　智慧應對：理解叛逆，助力孩子成長

> **我要對你說**
>
> 親愛的，假如你們不想讓長大後的孩子變得懦弱而平庸，不想讓他們覺得自己是生活在一個不平等的家庭，就讓他們在少年時期，適度地發洩，適度地放肆，適度地反抗。要尊重孩子的叛逆心。

陪伴孩子，溫暖他們的成長路

叛逆期的孩子，最需要的就是父母的陪伴。因為父母的言傳身教都可以在孩子身上刻下烙印，也會引導孩子去思考他們的做法是否正確。很多時候，父母說得再多，都不如孩子親身體會，或和孩子一起參加各種活動，增強交流和信任感，了解彼此所處的位置和做事方式。

在某個節目中，一位高中男生第一次對媽媽說了真心話，他知道母親外出打工是為了給自己提供更好的物質生活條件，但他更羨慕其他父母在身邊的孩子，現在他最需要媽媽的陪伴，而不是電話中的支持。

男生問媽媽，妳已經錯過了我的童年，我以後會有自己的生活，妳還想繼續錯過嗎？他不需要媽媽為自己買新衣服、包和新玩具，只需要媽媽的陪伴。

兒時得不到父母陪伴的孩子，一旦得到父母的陪伴，就會

顯得很不獨立，喜歡時刻都貼在父母身上。無論做什麼事，都需要父母的陪伴，因為他們從小都沒跟父母在一起，特別珍惜跟父母在一起的時間。

沒有父母陪伴的孩子，容易對他人進行反抗。他們缺少足夠的安全感，對事物沒有抵抗力，覺得人們瞧不起自己，覺得自己和別人不一樣。通常，這種孩子品性都不太好，比如喜歡抽菸喝酒、經常玩手機等。但這種孩子往往更獨立、更敏感、更脆弱，情緒波動更大，跟別人接觸時更容易受傷。

叛逆期的孩子，會覺得自己長大了，會將自己想像成大人的樣子去處理問題和解決問題，但是因為缺少相關經驗，多數時候都會以失敗而告終。父母只要無條件地接納和陪伴孩子，孩子就能感受到家庭的溫暖，從而減少叛逆行為。

一、多些時間陪伴孩子

生活中，多數父母都缺少對孩子的陪伴。父母在職場上辛苦工作，業餘時間不是應酬，就是參加公司活動，每天都會將多數時間投入到自己的工作中，回到家很多時候都已是深夜，孩子已經睡著。早上起來，匆匆吃個早餐送孩子上學，親子之間說的話不超過十句，一天下來，跟孩子交流的時間加起來還不到一小時。孩子的成長過程，需要父母的關注和陪伴，這也是孩子安全感的來源。如果孩子發現自己在父母眼裡並沒有工作重要，為了引起父母的關注，就會做一些事情，比如故意用言語激

怒父母、故意在學校搗亂、故意跟父母唱反調等。這時，叛逆也就變成了孩子尋求父母關注的常用手法。父母忽視了這些訊息，孩子就會持續不斷地做出越來越多的叛逆行為，目的只有一個──引起父母的關注並得到陪伴。

為了減少孩子的叛逆心，父母除了工作外，要抽出更多的時間跟孩子交流，不用使用多高的技巧，只要簡單地陪孩子說說話，讓他講講學校裡發生的事，讓他講講學到的知識，陪孩子做幾十分鐘的親子運動，散步、打球、跳繩……，讓孩子每天至少有1～2小時的時間能夠看見你、摸到你，建立健康的親子關係，孩子才不會說出格的話，也不會做出格的事。

二、對孩子的陪伴要用心

有些父母雖然也在關注和陪伴孩子，但很少用心，即使陪在孩子身邊，孩子也感到無比孤獨，因為父母根本就不懂他。

孩子的孤獨不像成年人，成年人如果感到孤獨，完全可以將其轉化成高品質的獨處，而叛逆期的孩子心智還不成熟，還沒有能力將孤獨轉變成高品質的獨處，為了表達自己的內心，只能想辦法激怒父母，滿足自己渴望被人懂的心理訴求。

要想解決這個問題，父母就要用孩子的心態和視角走進他們的內心。具體方法如下，首先了解孩子的愛好，然後把自己的愛好調整到與孩子同頻，最後跟孩子進行討論和分享。這樣，孩子就能知道，父母是懂他的，對於父母引出的每一個話

題,他們也能表達自己的見解和觀點;他們引出的每一個話題,父母也能參與其中。只要孩子覺得被人理解、被人懂,就會將父母當作朋友,而不是監督他的人,這樣,親子關係也就融洽了。

三、給孩子真正的陪伴

真正的陪伴是怎樣的?

1. 高品質的陪伴。聰明的父母並不會「刻意」陪伴孩子,他們只會將知識、教育等融入日常生活中,給孩子高品質的陪伴。比如,帶著孩子去市場買菜,在去市場前,先跟孩子商量好要買什麼菜,讓孩子用心記住。到了市場,讓孩子憑記憶告訴父母要買什麼菜;在買菜的過程中,父母會告訴孩子怎樣挑選蔬菜;結帳時,讓孩子計算需要支付多少錢。時間長了,孩子就能了解蔬菜品種、挑選要點、計算方法,以及養成見人打招呼的習慣。

2. 有趣的陪伴。單一且枯燥的陪伴會讓孩子心生厭倦,覺得無聊、無趣,而高品質的親子陪伴都是有趣的,父母可以學習簡單有趣的親子遊戲,與孩子一起玩耍,提升感情,提高孩子的動手和動腦能力。例如,與孩子進行「你畫我猜」的遊戲,讓孩子發揮想像力畫畫,然後由你猜。如果猜對了,就說明孩子畫得像,這時候就可以獎勵孩子一個擁抱或小禮物。

3. 親密的陪伴。在陪伴孩子的過程中,一定要重視肢體

第三章　智慧應對：理解叛逆，助力孩子成長

語言的力量。父母語言上的愛並不能給孩子帶來太多的真切感受，不時地給孩子一個鼓勵的眼神、一個親切的擁抱、一個甜蜜的親吻，孩子內心就能綻放出愛的花朵。親密的陪伴，不僅能增加孩子的愉悅感，還能提升孩子的自信心，讓孩子渾身上下充滿力量。

4. 平和的陪伴。在陪伴孩子的過程中，父母要保持平靜溫和的情緒，即使心情不好，也不要將脾氣發在孩子身上，否則會傷害孩子幼小的心靈。遇到工作不順或身體不適，可以直接告訴孩子，絕對不能毫無理由地對孩子發脾氣，更不能將孩子當作出氣筒。

5. 全身心的陪伴。要想給孩子真正的陪伴，父母就要放下手機，暫時忘記生活與工作中的事情，讓身體和心靈保持一致，專注、認真地陪伴孩子，或玩耍、或畫畫、或讀繪本，或與孩子互動交流，讓孩子學會溝通、學會關愛、學會信任。

我要對你說

陪伴孩子的方式各式各樣。例如：可以帶孩子去圖書館，讓孩子感受文化的氛圍；可以帶孩子運動，讓孩子強健體魄；可以與孩子一起 DIY，做手工、做蛋糕等，提高孩子的動手能力；可以與孩子種樹、種花，讓孩子感受到自然與生命的奧妙⋯⋯。

上篇　理解叛逆，做智慧父母

信任孩子，減少反叛心理

父母的信任就是對孩子的尊重和肯定。叛逆期孩子想要的絕不是說教、指點與批評，而是父母對他的信任。父母不信任孩子，孩子就不可能信任父母，親子之間的溝通交流即使再多，也不會取得正面的效果。

父母只有足夠信任孩子，孩子才能信任父母，才能理解父母的教導，不會一味地跟父母唱反調。因此，在孩子做完一件事情，向父母展示時，父母要給予適當的鼓勵和表揚，而這也是對孩子最簡單的一種信任。

一位13歲女孩寫下「遺書」後，沒有絲毫猶豫地從5樓跳下：「爸媽，你們為什麼不相信我，我沒有偷，我恨你們。」

女孩家裡開雜貨店，時常不見一、二十元的零錢，爸爸就認定是她偷的。跳樓前，父女再次因為類似的瑣事發生了口角。氣憤之下，爸爸舉起了棍棒。

爸爸邊打邊說：「做出這樣的事情，讀書讀得再多又有什麼用，妳以後就不用讀書了。」

在爸爸的棍棒教育和威脅下，女孩最終「承認」了偷取家中零錢等行為，並根據爸爸的要求將這些行為逐一寫在本子上並簽字。然後，留下遺書，以結束自己的生命來證明自己的清白。

生活中的很多父母也如案例中的家長一樣，看到孩子的行

第三章 智慧應對：理解叛逆，助力孩子成長

為沒有達到自己的預期，甚至還會說「我不要你了」或「你這樣就不是我的孩子，我的孩子不會這麼不聽話」……，對叛逆期的孩子，這些話不會發揮任何正面作用。

叛逆期的孩子處於少年跟成人的過渡階段，他們的身體雖然慢慢趨於成熟，思想卻依然幼稚，威脅他們或跟他們講道理，會讓他們覺得父母沒有把他們當作一個有思想的人去對待，只會變本加厲地跟父母唱反調。

對於一個家庭來說，缺少互相信任，是非常糟糕甚至可怕的。父母不信任孩子、不尊重孩子，不管孩子說什麼，都完全忽視，孩子多半都不會聽父母的話。父母不相信孩子，認為被孩子欺騙了，就會大吼大叫；孩子認為父母不信任他，就會對父母失去信任，自然就不會聽父母的話。這樣，就會陷入惡性循環。

父母和孩子之間最大的衝突就是互不信任，父母不信任孩子，亂翻孩子的物品，檢視孩子的日記；孩子不信任父母，即使遇到問題，也不敢和父母說，只知道向外界尋求寬慰。因此，父母想要改善孩子的叛逆狀況，就要讓孩子信任自己，同時改變自己的教育方式。為了減少孩子的壓力，還要給孩子一定的空間，不要緊盯著孩子不放。

為了表達對孩子的信任，父母可以從以下方面做起：

一、相信孩子的能力

信任孩子，首先就要相信孩子的能力。

每個孩子的能力都不同，即使是同一個孩子，在不同的年齡階段，能力也會有差異。叛逆的孩子成績差，原因有很多，比如：不喜歡上學、自暴自棄，或者能力確實不夠，這時候父母的信任就會成為孩子積極向上的動力。

父母相信孩子的能力，相信孩子透過自己的努力能夠提高，孩子就會對自己多一份信任，學習也會積極主動很多，就會不斷挖掘自己的潛力，達到最佳的學習效果。

二、相信孩子的努力

所謂信任孩子，就是信任孩子會盡力做事、正確做完，而孩子則不會辜負父母的期望。有了這種信任，父母並不需要親自去做某些事，也不用監督、過問，更不用懷疑孩子的努力與付出，只用說：「孩子，我相信你一定會成功的，因為你已經努力了。」

一位父親認為，在孩子的管教問題上，要相信孩子的努力，告訴他努力是非常重要的。他說：

記得孩子國中考高中時，同班幾個要好而且平時學習成績不相上下的同學，一起考上了明星高中，但是自己的孩子沒考上。這是他上學以來遇到的最大挫折。

我們首先肯定他的智商不比別人差，基礎不比別人差。沒

考上的原因是重視不夠，準備不足，對題型不太熟悉。鼓勵他還有其他方法，還有上明星高中的機會。後來，兒子以高出錄取最低錄取標準 14 分的成績考入了另一所明星高中。

每個人都是不同的，孩子的智商可能沒人家高，但依然可以透過努力來彌補。雖然我們鼓勵孩子向同學學習，但不能讓孩子將其當作一種包袱，不能成為孩子前進路上的壓力和阻力，而要成為動力。孩子學習了他人的方法或思想，學習成績雖然能提高，但絕不是一蹴而就的，但只要孩子努力學了，總有一天，他的知識就能變成他的能力。

三、相信自己的孩子是最好的

一個朋友曾跟我講過這樣一件事。

冰冰正在上小學三年級，有一次期中考試發高燒，沒有去參加考試。過後，媽媽聯絡了學校的各科任教老師，向他們說明了原委，並拿回了期中測試卷，準備讓冰冰在家裡考。

回到家裡，媽媽考慮著如何讓兒子在家裡應試這些期中試卷。她想：「兒子學習成績一直都是中等，肯定會有一些題目不會做，這次在家裡考試，他會不會有偷看的念頭呢？我是讓他自己計時還是親自監督他考試呢？」後來她又想：「常聽人說，嚴管中長大的孩子，無法獨立；施壓中長大的孩子，常常憂慮；信賴中長大的孩子，信人信己」。於是，她選擇相信孩子。

那個週日，媽媽把考卷放到冰冰面前，說：「現在是八點，

> 上篇　理解叛逆，做智慧父母

考試時間是一個半小時，時鐘在那兒，你自己看著，如果時間到了，你就交卷吧。」說完，她就關上房門去做她的家務了。

九點半，冰冰出來把試卷交給她，然後一臉高興地去玩了。媽媽回冰冰的房間，看見兒子的書包靜靜地躺在角落裡，一點都沒有動過的樣子。看來，冰冰一點都沒有「作弊」。

媽媽很高興冰冰懂得考試應該是什麼樣子。冰冰完全按照學校考試的樣子來管理自己，時間一到就不再做題了，根本不知道有「作弊」這回事。

案例中的媽媽選擇相信冰冰，冰冰表現得也很好。孩子就是這樣純潔。

父母總喜歡拿自家孩子的缺點與別人家孩子的優點來比較，似乎自家孩子總是不如別人家孩子好。殊不知，父母的這種做法，只會讓孩子意識到「父母不信任我」、「我在父母眼裡一無是處」。這種負面想法，會讓孩子更加不信任父母，從而給親子溝通帶來阻礙。父母應該明確一點，孩子成功與否跟自身的努力密切相關，不能跟其他人比較。

我要對你說

人很容易受到暗示，包括成年人在內。一個人總被別人暗示為品行端正，善良友愛，他就會在這種氛圍裡漸漸生發出自我肯定的意識，他的品行也會朝著好的方向發展；如果一個人總被暗示為有某個問題，那他就會在這方面不斷

第三章 智慧應對：理解叛逆，助力孩子成長

地自我否定，逐漸喪失自信，向壞的方向發展。作為父母，相信和陪伴才是給孩子最好的禮物。

設立規則，促進問題解決

孩子的叛逆期確實讓很多父母感到頭痛。父母不知道如何應對，教育孩子時總是感到無力，總覺得跟孩子有生不完的氣。如何解決這個問題呢？其實，我們可以替孩子制定一些規則。

最近，杜媽媽因為孩子叛逆的問題非常苦惱，她感覺女兒自從上了國一之後，就像是變了個人，對待父母的態度很差，甚至和父母的關係還比不上和陌生人的關係，她不知道自己和丈夫究竟做錯了什麼。

杜媽媽還覺得孩子的心裡藏著很多小祕密，始終不願意和自己聊。自己和孩子能見面的時間就是吃飯的時候，一旦吃完飯，她就將自己關在房間裡，特別是在週末，不是和同學出去玩，就是悶在房間裡獨處。

杜媽媽對孩子的生活也更加好奇，有一次在孩子和朋友外出時，她悄悄跟在孩子身後，竟然發現孩子學會了抽菸，還化了濃妝。杜媽媽更加生氣，自己曾經乖巧的女兒，怎麼變成這樣了？

孩子到了叛逆期，父母都會不由自主地擔心，害怕孩子學

壞,擔心孩子養成壞習慣。其實,並不是每個孩子在叛逆期時都會叛逆,父母可以根據孩子是否存在叛逆行為,判斷孩子是不是叛逆。

在孩子成長的過程中,孩子最初懂得的道理非常少,隨著他們的不斷成長,明白的道理也會越來越多。父母在進行教育時,一定要在他們年齡特別小時就開始;一旦孩子長到一定年齡,他們就會生出更多的想法,不再聽從父母的教導,管教也會變得越來越困難。

到了叛逆期,多數孩子會變得橫行霸道,會挑戰父母的威嚴。為了減少孩子的叛逆行為,可以替他們制定一定的規則,並讓他們遵守;如果孩子不遵守規則,千萬不要順著他們,要嚴厲管教,讓他們清楚地意識到有些規則是不能觸犯的。

一、規則不能只針對孩子一個人

很多父母都知道制定規則的重要性,替孩子制定各種規則,但是用不了多久,就不會堅持執行了。原因就在於,在制定規則時,父母模糊了出發點。在很多家庭裡,規則不是用來幫助孩子成長的,而是方便父母管教的,因此制定的很多規則,針對的只是孩子一個人。比如,不讓孩子玩遊戲,父母卻整天窩在沙發上玩手機;不讓孩子看電視,父母卻一看就是好幾集。對於這樣的規則,孩子會打從心底反感。

規則應該成為全家人共同執行的規範,要想讓規則被遵守,

第三章 智慧應對：理解叛逆，助力孩子成長

就要堅持平等性原則，否則制定的規則也就失去了意義。比如，大家都在排隊，有人插隊，次數多了，不排隊的人就會越來越多，替孩子制定規則同樣如此。大人制定了規則，自己卻成了規則的破壞者，孩子就會模仿父母的行為，因此要想讓孩子遵守規則，父母就要給孩子樹立榜樣，讓規則變成全家人的行為規範，不只是針對孩子一個人。

二、設定相應的處罰

制定規則時，很多父母容易犯這樣的錯誤，即制定了很多規則，但沒有相應的處罰。為了讓孩子聽話，很多父母會恐嚇孩子：「再不聽話，就打你。」第一次聽到，孩子可能會感到少許害怕，這樣的事情經歷幾次之後，一旦孩子發現都是假的，就會覺得你只是嚇唬他，繼而也就不再聽你的話了。同理，要想提高規則執行的效果，必須設定相應的處罰。

比如，孩子在遊樂場打人，跟他講道理、逼他道歉，都沒有用。正確的做法是，在孩子第一次打人時，就要告訴他：「再有這樣的行為，就不能再玩了，直接回家。」孩子若再犯，就要立刻帶他回家，任孩子怎麼求饒，都不能心軟妥協，這樣孩子就會明白，父母說到做到。這種失望、後悔的經歷，比父母說再多威脅的話都管用。

此外，執行結果還要跟行為有一定的因果關係。體驗到行為的自然後果，孩子就能主動修正自己的錯誤行為，自覺遵守規

則。不過,這個後果必須合理,還要和孩子犯的錯誤有因果關係,不能肆意妄為,更不能傷及孩子的身心。當然,為了強化孩子好的行為習慣,如果孩子做對了或取得了進步,就要及時鼓勵。

父母一定要記住,制定規則的目的是幫助孩子成長,而不是濫用父母的權利或發洩情緒。尊重孩子,用合理的規則,就能幫助孩子養成規矩意識,孩子的叛逆行為也會減少很多。

三、制定規則要適度

王玲是一個平淡溫柔的女子,然而,「溫柔」這個詞對她來說似褒實貶,因為她太過溫順,因而在家中沒有主動權,無論是大事小事雜事瑣事,她都處於一種被動的地位。晚餐吃什麼,總要問問自己的丈夫和兒子之後心裡才會有數;婆婆指責她買幾百元的毛毯太貴,自己轉身就買了一條五千多的圍巾,她也忍氣吞聲;員工旅遊,她想去,但是考慮到家務和兒子的作業,只好放棄……。然而,王玲這樣的妥協容忍,並沒有換來丈夫的將心比心。

有一次,王玲和大學同學一起逛街,她試了兩件衣服拿不定主意,便拍了照片傳給老公,想讓他幫忙出點意見。

過了一會兒,一條語音訊息傳過來了,夾雜著不耐煩的語氣:「怎麼這點小事都要問我?喜歡哪個就買哪個。」她老公有點大男人主義,平時大大咧咧,看不慣王玲的優柔寡斷。夫妻之間的衝突也不少,王玲不被理解的苦,只能往肚子裡咽。

大學同學問王玲:「妳從小個性就是這樣的嗎?」王玲說:

第三章　智慧應對：理解叛逆，助力孩子成長

「並不是這樣，我小時候很精明，只不過我父親性格太暴躁，總是限制我的自由，時間長了，我也就變得溫順了。我小時候寫作業時，父親在一旁大聲地看電視，我想讓他小聲點，換來的卻是粗暴的喝斥；我想參加學校的活動，父親總是命令我完成某些家務之後才能參加，這些家務超過了我的負荷，對於那些有趣的活動，我也只能望洋興嘆。」

父母過度壓制王玲的自由，讓她形成了軟弱、優柔寡斷、沒有主見的性格。因此，在培養孩子的過程中，制定規則要適度，不能讓孩子感到憂鬱、不開心、被束縛，否則就是過度了。

我要對你說

人的個性和自由意志往往都是從人生早期開始培養的。如果在小時候就受到壓制，只能將孩子的個性和主見扼殺。父母要求孩子盲目地接受自己認定的規則，孩子就無法成為獨立思考、堅忍不拔的人。規則也要有原則。如果設定得當，就是為孩子品德塑形的工具；設定不當，就會矯枉過正，適得其反，成為束縛孩子心智的牢籠。

上篇　理解叛逆，做智慧父母

第四章
親子溝通：化解叛逆的關鍵

父母願意傾聽，孩子才會順從

父母善於傾聽，孩子就能在潛移默化中養成良好的傾聽習慣，不管是學習還是社交，都會讓孩子受益一生。

在日常生活中，父母懂得放低姿態，平等、耐心地傾聽，孩子就會感覺到被尊重、被關注、被理解，就會自覺地調整自己的行為，努力讓自己變得更好。如果父母總是高高在上地對孩子進行說教或指責，孩子無法說出心裡話，不敢說出心裡話，時間久了，就會對父母失望、不信任，一旦覺得自己不被重視、不被愛，就容易出現問題。

一天，兒子放學回到家，進門就嚷：「我恨老師，我再也不去學校了。」如果平時聽到這樣的話，媽媽絕對會苦口婆心地教育一番，可是這次這位媽媽沒有說話，只是把氣憤的孩子摟在懷裡。

孩子哭著說：「媽媽，今天老師讓我們寫一篇作文，我只是寫錯了一個字，老師就嘲笑了我，結果同學們都笑我，太丟臉了。」媽媽依然沒有說話，只是把孩子摟得更緊了。

上篇　理解叛逆，做智慧父母

過了一會兒，兒子平靜了，他從媽媽的懷裡站起來，說：「同學還在公園等我一起玩呢，我得走了。謝謝妳，媽媽，聽我說這些。」

叛逆期孩子的自我管控能力在不斷增強，遭受挫折，感到傷心或難過時，他們只需要一隻耳朵和一個懷抱，而不是一張不斷開合的嘴。

法國教育學家帕梅拉・杜拉克曼（Pamela Drucker Mann）說：「即使孩子有不對的地方，父母也有責任傾聽並領會他們的動機。孩子有不尋常反應時，背後一定是有原因的。父母應該認真傾聽，並向他們解釋這個世界。跟讓孩子聽話比起來，聽孩子把話說完，才是為人父母的必修課。」如果孩子什麼都不願意跟你說，什麼都不想告訴你，甚至已經沒了向父母表達的欲望，即使你想傾聽，孩子也不會主動張嘴。

如果孩子願意跟你說話，願意把事情告訴你，那你就是十分幸運的。但是，在這個過程中，父母不一定能做到安靜地傾聽，很可能在孩子說到一半時就被父母強硬地打斷，有些父母甚至還會喋喋不休地說起自己的想法，將自己的想法強加在孩子身上。如果是這樣，就不是傾聽了。傾聽，需要閉上嘴，開啟耳朵。

太過嚴厲的管教，會讓親情產生裂痕；順從孩子，叛逆的情況則會愈演愈烈。只有用心傾聽，認真感受孩子的感受，真正關注孩子，孩子才不會叛逆。

第四章 親子溝通：化解叛逆的關鍵

一、擺出聽的姿態

站在孩子的角度和高度看世界，會看到一個和成年人完全不同的世界。孩子和你說話時，你不僅要全身心投入，還要用眼神或簡短的語言表示你對他的話很感興趣。

孫女士與孩子進行交談時，總會蹲下，看著孩子的眼睛，側耳傾聽。朋友都誇她有耐心，她說起了自己與孩子的故事。

兒子坐電梯時總是哭鬧，多次安慰和引導都沒有改進。有次坐電梯，兒子又開始哭鬧，在他人異樣的目光中，孫女士感覺十分尷尬，想要抱孩子走出電梯。在她準備起身的那一刻，才明白孩子哭鬧的原因，從孩子的高度看去，黑壓壓全是大人的臀部或大腿。從此，徐女士在與孩子交談時，都會蹲下來與孩子保持同一高度，看看孩子的世界，傾聽孩子的需求。

與孩子保持同一高度，孩子就能感受到平等、尊重和友善。威廉．哥德法勃曾經說過：「教育孩子最重要的，是要把孩子當成與自己人格平等的人，給他們以無限的關愛。」「蹲下來」傾聽，與孩子保持目光接觸，是一種關心，更是一種理解，更容易得到孩子的信任和好感。

二、與孩子共情

曾經看過這樣一個故事——

兒子哭著告訴爸爸：「爸爸我的小海龜死了。」

爸爸安慰：「別難過，不就是一隻小海龜嗎？我再買一隻給

你。」聽了爸爸的話，兒子哭得更厲害了⋯⋯。

讀懂並接納孩子的情緒，與孩子產生共情，是對孩子的理解和認同。美國兒童心理學家海姆・吉諾特（Haim Ginott）博士曾說：「孩子的感受與行為有著直接關聯，好的感受會引發好的行為；孩子感覺良好，自然會通情達理。」父母能夠說出孩子的感受，比如「真沒想到，他是你的好朋友，你一定很傷心吧？」，孩子就能慢慢冷靜下來，想出解決問題的辦法。

當孩子出現負面情緒時，父母不要急於撫慰或封鎖孩子的情緒，完全可以跟孩子「共情」。接納孩子的不良情緒，體會孩子的想法和感受，鼓勵孩子大膽表達，讓孩子在最短的時間內平靜下來。

三、不要隨意打斷

朋友傳訊息給我說：「我又和兒子吵架了。」原來，孩子放學回家路上想要和她聊聊天，嘴上答應的她一直在忙自己的事情，一會兒打電話，一會兒傳訊息，孩子幾次想要說話都被打斷，等她忙完想要和孩子好好聊聊時，孩子卻說：「妳忙吧，我沒什麼要說的了。」

察覺孩子想跟你說什麼，父母就要放下手中的事情，用平等的態度，專注地傾聽，不要不重視他們的講述。如果當時你正在處理的事情比較急，就要問一下孩子：「我現在有重要的事情在處理，你可以等一下嗎？」用商量的語氣跟孩子溝通，即

第四章 親子溝通：化解叛逆的關鍵

使孩子的講述被打斷，他們也能感受到父母對自己的尊重。切記，少說多聽，不隨意打斷孩子的話語，既是對孩子的尊重，也是愛孩子的一種表達方式。

其實，孩子想說什麼話，大人都能猜到，只不過，由於孩子說話並不像大人一樣連貫、清晰，不知道自己要表達什麼，需要邊說邊想，可能還會斷斷續續，缺少連貫性，父母頻繁地打斷孩子，會讓孩子變得急躁、難過等，覺得自己不被尊重，自己沒有說話的權利，繼而哭鬧、抗拒。隨著年齡的成長，他們就更不願意再開口分享了。

說話總被父母打斷的孩子，也會跟父母產生距離，時間長了，會排斥與父母溝通，不願意跟父母表達自己的想法，生怕說一句就被直接否定。他們更不會傾聽，會將大人的影子複製到自身，不停地打斷大人之間的談話；而如果大人被不斷地打斷，把氣發洩在孩子身上，孩子就會覺得很委屈，覺得不被尊重，繼而變得不愛說話。

我要對你說

父母傾聽孩子的心聲不是單向溝通，而是一種雙向互動，也就是說，在傾聽的過程中，父母應當飽含愛意。傾聽是為了幫孩子化解煩惱，消除困惑，如果這種溝通缺乏愛，就無法深入孩子的內心。只有有溫度的愛，才能溫暖孩子的心靈，融化掉孩子心中的「冰」。

上篇　理解叛逆，做智慧父母

適應情境，掌握多元溝通方式

在日常生活中，很多父母會抱怨：「孩子越長大，跟家人說話就越少。」有時候大人問一句：「今天過得怎麼樣？」得到的答案卻是「還行、還可以」，然後就沒下文了。孩子表面上看起來很聽話，其實他們已經有了自己的思想，不願意跟父母說。

有個國二的男孩，成績不好，經常逃課，老師管教，他總是頂撞。老師教育多次無果，只能聯繫家長。父母將男孩接回家，覺得先讓他在家裡休息一段時間，等孩子願意上學了，再去學校。結果，男孩回到家，一待就是一個月。在這一個月裡，他基本上不出門，只是一直玩手機；他不跟家人溝通，脾氣暴躁，父母一說，他就生氣。家人輪番勸他或引導他，甚至還讓跟他同齡的親戚朋友來勸，他也聽不進去。只要將房門一關，他就能在房間裡待一天。

案例中的男孩，就是典型的不願溝通。而這也是叛逆期孩子身上普遍存在的現象。

為了更好地了解孩子，其實多數父母都願意跟孩子溝通，結果呢？孩子不為所動，父母只能無奈地說：「我也想好好溝通，但是孩子聽不進去，根本沒法溝通。」其實，親子之間的溝通並不是簡單地說話，特別是面對叛逆期的孩子，更要講究方式方法，需要藉助一些溝通技巧。

教育家卡爾・威特（Karl Witte）曾經說過：「把對孩子說的

> 第四章　親子溝通：化解叛逆的關鍵

話寫在紙條上，讓它們變成文字，就能在無形中加重它們的分量。」父母還可以準備一個親子日記本，養成寫日記的好習慣，將某件事情或某個時刻的心情通通記錄下來。這本日記是共用的，就像親子溝通的一個視窗，如果父母想了解孩子，或孩子想知道父母的想法，只要閱讀日記就可以了。

有一次，睿睿因為一個小問題和父母發生爭執，居然一個星期都沒有和父母說話。父母看著沉默寡言的睿睿，既著急，又不知道如何打破僵局。

有一天，媽媽在和同事閒聊時，得知叛逆期的孩子都是這麼叛逆，而且不願意溝通。受到同事的啟發，媽媽也決定寫字條給睿睿。

正好要進行期中考試，為此媽媽早早起床為睿睿做好早餐，然後留了一張字條在睿睿的床頭，字條上寫著：「親愛的睿睿，祝你考試順利。愛你的父母。」看到這張字條，吃著美味的早餐，睿睿的心裡既溫暖又感動。

案例中，處於叛逆期的睿睿和父母的相處變得異常艱難。媽媽積極尋找解決辦法，以寫字條的方式與睿睿進行溝通，讓睿睿堅硬的內心柔軟起來，更加積極主動地處理與父母的關係。

從本質上說，親子關係也是人際關係的一種，需要用心呵護。尤其是在現代社會，父母與孩子之間的溝通不僅局限於語言交流這種方式，方便快捷的溝通方式越來越多，父母要充分利用這些現代化通訊方式，與孩子進行溝通，保持親子溝通管道暢通，

提高親子溝通的效果，加深親子感情。

好的溝通方法能夠促進親子之間的互動，不好的溝通方法會阻礙孩子的發展，使孩子變得不知道如何跟父母相處。作為父母，究竟該如何與叛逆期的孩子進行有效溝通呢？

一、從別人的事情談起

「從別人的事情談起」是一種比較容易開啟話題的聊天方式。

孩子剛入學時，媽媽曾這樣問他：「你們班上最調皮的是誰啊？」他告訴媽媽一個名字。

媽媽接著問：「他做了些什麼事惹老師生氣呢？」

孩子如數家珍：「上課講話啊。還有昨天用東西砸同學的頭。」

「那老師怎麼做的呢？」

「老師罰他站啊。」

「站多久？」

「站到下課啊。超慘的。」

「啊。真的啊。好可憐喔。都不能坐下，腳一定很酸。」

「對啊，下課也不能出去玩。」

「哇。你們老師這麼凶啊？」

「還好啦。有一點凶。」

「那你有沒有被老師凶過？」

第四章 親子溝通：化解叛逆的關鍵

「沒有。我很乖。」

「喔。好險。所以你都沒有被老師罰過站囉？」他遲疑了一下。

媽媽趕緊說：「你也被罰過站啊？好可憐。你有沒有哭？」

他搖搖頭說：「沒有。」

媽媽接著問：「啊。老師這麼凶，你都沒有哭啊，很勇敢。」

「不是啦。我不是被這個老師罰的，我是被健康體育課的老師罰的。」

「喔。也是講話嗎？」

「是啊。不過還好只是罰站了一會兒。」

透過這樣一段對話，就能大致了解孩子在學校的情況、對同學的行為有什麼看法以及他的處理方式。從別人的事情談起，完全是一個親子溝通的好方法。

二、只要「傾聽」，不要「說教」

孩子們聚在一起，也會聊八卦，聊得熱火朝天。因此，聊天要回到聊天本身，對孩子要多「傾聽」，少「說教」。

在聊天過程中，如果想讓聊天持續下去，最忌諱說教，要多詢問、少評論，多說「你」，少說「我」。

孩子說：「媽，xxx 今天打我了。」

「喔，為什麼？」

上篇　理解叛逆，做智慧父母

「因為我要玩恐龍，他不准我拿。」

「那你怎麼做的呢？」

「我就去玩別的了。」

「你怎麼不告訴老師呢？我不是教過你，人家欺負你，要去告訴老師嗎？你也可以跟他說，公用的東西大家都可以玩。媽媽不是跟你說過嗎？」

聽了媽媽的話，孩子的反應一定是緊閉雙唇，不想再多說一句。此刻，完全可以繼續追問：「喔，那你心裡有沒有覺得很不舒服？」或「如果你還想去玩恐龍，該怎麼辦呢？」這樣，孩子才會將自己的真實想法說出來：「還好啦。我想他先玩也沒關係，等他玩完了，我再玩就行了。」或「我很生氣啊。所以，我就跟他說『我不跟你玩了』。」

可見，想讓孩子說出心裡話，一定要堅持「不評價、不說教」的原則，因為只有做到這兩點，孩子才會願意與你分享，這樣的聊天才是放鬆的、快樂的。

三、運用肢體語言，增進親子感情

適當的肢體語言，能讓孩子感受到你對他的重視，鼓勵他說下去。平時和孩子聊天時，父母要用平視的目光注視他。如果孩子年齡還小，就蹲下來；如果孩子已經十幾歲，就可以拉著他的手坐下來。

叛逆期的孩子對肢體語言異常敏感，父母忙著收衣服、做

第四章　親子溝通：化解叛逆的關鍵

飯，不看著他說話，他一定會抗議：「媽媽，你都沒有專心在聽。」多數孩子都喜歡親密接觸，為了提高聊天效果，就要多使用肢體語言，比如握握他的手、摸摸他的頭、摟摟他的肩、捏捏他的頸背、順順他的頭髮、拍拍他的背等。

其次，兩人聊天時所坐的位置也會影響談話效果。例如，跟孩子坐在同一邊，比坐在對面的位置要好；兩人躺在地上講話，比坐在地上好。讓孩子一邊玩一邊聊，更能讓他們放下心防。

另外，跟年幼的孩子對話時，不能隨意發笑。不論他的話多麼幼稚、多麼奇怪，都要態度誠懇、嚴肅一些，否則孩子很容易因為被嘲笑而不願意繼續聊天。

我要對你說

叛逆期孩子不願意跟家長或老師溝通的原因有很多，要想取得理想的溝通效果，就要採用不同的方法，比如，孩子比較內向，可以寫封信，跟他聊聊；孩子喜歡旅遊，就利用旅遊的時間跟孩子聊聊，這時候孩子往往更容易接受。

家長要在不同的時機，採用不同的方法，了解孩子的想法後，再進行引導。

上篇　理解叛逆，做智慧父母

巧用表揚技巧，事半功倍

很多父母都聽過這樣一句話「好孩子是誇出來的」，確實，在表揚中長大的孩子，其性格往往更好，人格往往更健全，但隨著孩子漸漸長大，尤其是孩子進入叛逆期後，有些父母發現「表揚」根本就不管用，孩子對自己還是愛理不理。究竟什麼原因呢？一個重要的原因是──叛逆期的孩子已經有了自己的想法和認知，孩提時代的表揚已經無法取得理想的效果了。

從心理學的角度來說，表揚屬於「正強化」，是形成自尊、建立自信的重要方式，因此叛逆期的孩子依然需要父母的表揚。適當的表揚可以讓叛逆期的孩子在競爭的環境中擁有足夠的自信心，提高自我認可度，減少叛逆，為今後的生活和學習打下基礎。

很多人都看過《波西米亞狂想曲》（*Bohemian Rhapsody*），這本書講的與其說是皇后樂隊的成立及大放異彩的故事，不如說是皇后樂隊的靈魂人物──主唱佛萊迪・墨裘瑞（Freddie Mercury）的「傳記故事」。

在電影中，少年時的佛萊迪根本不被父親看好，因為父親覺得他沒有堅持「善言、善行、善思」，認為他是個遊手好閒的人。這也是佛萊迪與父親關係緊張的一個重要原因，佛萊迪甚至在成名並迷失自我後都沒有和家人聯繫，直到他知道自己將不久於人世，在參加溫布利體育場舉行的「Live Aid」援助非洲

第四章 親子溝通：化解叛逆的關鍵

義演前，他才再次回家。

這一次，他獲得了父親的認可和讚揚，父親認為他這是真的「善行」。父親的認可讓他更加有勇氣去面對一切，包括他所患的愛滋病。從十幾歲到二十幾歲，甚至三十幾歲，佛萊迪期待的不過是父母的認可。

對叛逆期的孩子來說，表揚可能遠比一個玩具、一次大餐更有意義。很多父母可能會說，我經常表揚孩子，但沒什麼效果，無論怎麼表揚，他都沒變化。其實，很可能是父母採用了錯誤的表揚方式。

隨著賞識教育的不斷推行，很多父母都開始對孩子開展賞識教育，結果不僅孩子聽膩了父母的表揚，父母也發現表揚不管用了。有的父母甚至還說，自己的孩子不能被表揚，表揚了，反而表現得更差。

其實，並不是孩子對表揚麻木不仁，而是因為這些父母還沒有真正掌握賞識教育的精髓，也不知道表揚的技巧，導致表揚氾濫，對孩子失去了效力。批評是一門藝術，表揚也是一門藝術；批評需要講究技巧，表揚也有一定的技巧。並不是所有的表揚都能對孩子造成正面的作用，採用錯誤的表揚方式，可能會讓孩子陷入被動狀態而不能自已。

對於叛逆的孩子來說，表揚一定要有具體意義。所以，在表揚孩子時，需要嚴格遵守以下幾點：

上篇　理解叛逆，做智慧父母

一、表揚孩子要用心

很多父母都有這樣的經驗，本來在跟孩子好好交流，孩子卻突然變臉；本來想表揚孩子，孩子卻不領情。父母感到非常苦惱，對親子溝通也存有畏難情緒；再加上，心疼孩子學習壓力大，只能使用「好言好語」和「誇張表情」來討好孩子。但事實上，父母的這份「好心」並不會取得好效果，只要孩子覺察到父母的表揚有絲毫不真誠，他們就會出現負面的心理反應。

比如，有的孩子會認為「我沒有你說的那麼好，不需要這麼誇張」、「你表揚我，是不是接下來對我有什麼要求，我不會讓你得逞的」、「是不是我做得不夠好，需要額外的表揚來鼓勵」。有些孩子甚至還會認為，得到表揚並不是什麼好事，還不如被批評。叛逆期的孩子之所以會有這樣的想法，是因為他們具備一定的叛逆意識，想與父母發表不同看法；還有一個重要原因就是，父母的表揚不真誠，沒能真正走進孩子的內心，讓他們的自尊心受挫。

真誠的表揚質樸明媚、簡單自然，更容易被處於叛逆期的孩子接受。所以，父母一定要真誠地表揚孩子，千萬不要為討好孩子而口是心非，更不要言辭誇張。要知道，7歲以上的孩子完全可以像成人一樣辨別真偽，一旦孩子認為表揚很假，他們不僅不會相信虛假的表揚，甚至還會懷疑那些真誠的表揚，這對孩子的成長極為不利。

二、對孩子的表揚要具體

表揚孩子時，不要使用籠統模糊的言辭，比如「你真棒」、「你真厲害」、「你怎麼這麼好」……。因為這類表揚缺乏具體內容，缺少鼓勵性和影響力。要就事論事，思索具體原因，比如「你這幾天堅持早起讀書，口語聽起來好多了」、「你最近做試卷時，答題答得很標準，準確率也很高」、「這段時間你總是跟媽媽一起準備晚餐，我輕鬆多了，你的炒菜技能有提高」……。這類表揚指向明確，聚焦在孩子的努力和具體過程上，更利於他們清楚地獲取努力的方向和養成良好的習慣。

籠統的表揚常常會指向品性的評價，而直接表揚品性，就像直射的陽光，會讓孩子感到不舒服，看不清方向。對於叛逆期的孩子來說，聽到別人說自己很棒、了不起、慷慨、謙遜，只會覺得尷尬，會不自覺地否認這些說法。比如，聽到父母說「很了不起」，就覺得自己「也就那樣」；聽到父母說「很慷慨」，就會覺得自己「不是聖人」……。這些否定的推論會對他們健康人格的形成造成反效果。而描述性的認可，卻能清晰地描述出孩子所做的具體事蹟和父母的具體感受。

三、表揚孩子要多一些理性

表揚自己的孩子時，很多父母會帶有強烈的主觀色彩，偏離客觀評價標準。比如，有的父母會主觀地認為，自己孩子的資質比其他孩子好，更有靈性，會誇孩子「聰明」、「有天賦」、

「是這塊料」；有的父母重視賞識教育，對孩子的表揚太頻繁。然而，表揚過度會適得其反，並不能取得正面的效果。

　　叛逆期的孩子需要更多的自我空間，他們不希望自己的大事小事都在父母的評價範圍內，父母的過度表揚，會讓他們產生反感甚至憤怒等情緒。因而，父母應該客觀理性地評價自己的孩子，避免主觀色彩濃的表揚，更不要對孩子進行吹捧。父母應該準確拿捏好表揚的時機和頻率，不能不分場合地對孩子進行表揚；只有立足孩子的實際情況進行適度表揚，才能真正造成鼓勵和引導孩子的作用。

我要對你說

「好孩子」這種話就是典型的「誇人格」，父母會無心地將其掛在嘴邊。

但「好」是一個很虛無的概念，孩子被扣上這樣一頂大帽子，只能給他們造成巨大的壓力。父母的稱讚總是「言過其實」，孩子也會有壓力，覺得自己不配得到這種讚美。在你剛剛讚美完他時，他就會做出讓你頭疼的事情，以示「真誠」，所以誇獎一定要謹慎適度。

第四章　親子溝通：化解叛逆的關鍵

管教有藝術，叛逆自然減少

說到管教，很多父母都會連連搖頭，管教得輕了，孩子不當回事，管教得重了，又擔心對孩子的心理造成傷害。其實只要掌握了批評的藝術，孩子完全可以少一些叛逆。

曾經有過這樣一則報導──

宸宸今年11歲，從小跟著母親一起生活在外公家，性格內向，不愛說話，現在處於叛逆期，家人對其要求比較嚴格。事發前一天晚上8點多，母親檢查他的暑假作業時發現，還有不少作業沒做。母親責問宸宸為何沒有將作業做好，他當時就有點不高興，然後就去洗澡睡覺了，晚上也沒有看到他有什麼激烈的反應。直到第二天早上4點多，鄰居上樓敲門，家人才知道宸宸從樓上跳下去了。

責備的潛臺詞是「你是錯的，我是對的，你應該做出改變」。比如，對孩子說：「你最近作業的錯誤比較多，上課不專心，被老師責備了。」潛臺詞就是「你上課應該專心聽講，作業應該認真寫，不應該受到老師的責備」。

如今，很多孩子看上去很聰明，也很勤奮，就是沒有個性，唯唯諾諾，害怕犯錯誤。這些孩子都有一個共性，就是以前被父母、老師管教、責備得太多，不自信，覺得自己做什麼都不對。背後的原因就是，錯誤的責備導致孩子普遍缺乏自信心，比較害羞。只有正確管教孩子，孩子才不會感到壓抑，才能順利成長。

錯誤的管教背後是僵化的心智，而正確的管教背後是成長化的心智。後者一般都願意迎接挑戰，遇到困難也不放棄；而前者則害怕挑戰，遇到困難就會輕易放棄。把錯誤歸結為孩子的品性有問題，集中責備孩子的缺點甚至人格，就是固定型責備。一旦孩子養成固定型心智，面對錯誤，大腦就會停止活動，因為他認為所有的一切都是自己品性或人格本身的問題，不能改變。

在教育孩子的過程中，父母採用說教、訓斥、責罵等行為，非但不會罵醒、訓醒孩子，反而還會讓情況變得越來越糟。孩子把父母的管教當作耳邊風，或屢教不改，問題很可能就出在管教方法上。

為了讓孩子接受並心服口服地改正，管教孩子時，就不能總是說教、挖苦、警告，甚至體罰，應該掌握一定的方法和技巧。

一、用陳述性語氣描述事實

晶晶是一個國二女生，她和媽媽的關係非常親密，班上同學的父母非常羨慕，有些父母私下問晶晶媽，妳是怎樣做到和女兒相處得這麼好的？晶晶媽說，其實，我就是抓住了叛逆期孩子的心理特點，極少直接責備孩子。

有父母就問：「孩子犯了錯不責罵哪行啊？」

晶晶媽說：「叛逆期孩子犯錯往往是無心之舉，故意犯錯的

少，有時犯了錯他們自己都不知道，你就直接責怪他們，他們哪願意承認呢？」

有父母又問：「那怎樣才能讓孩子知錯和改錯呢？」

晶晶媽說：「我通常都會用陳述性語氣和女兒一起回憶事情發生的經過，像切蔥段一樣，讓孩子逐段去判斷對錯，在這個過程中我不帶任何負面情緒，而是不斷肯定與鼓勵孩子，甚至她判斷對了時我還會表揚她誠實與勇敢呢。」

晶晶媽的做法，抓住了問題的本質，即父母一張口就責備孩子，孩子就會頂嘴或不認帳。晶晶媽之所以能夠和女兒建立親密無間的關係，彼此互相信任，關鍵就在於她自始至終都在保護女兒的自尊心，把教育的重點放在和女兒一起回憶事實、分析事實、做出正確判斷上。

對於叛逆期孩子來說，只要知道自己錯在哪裡，再加上父母的鼓勵，一般都會願意改錯。

二、旁敲側擊，不要先入為主

君君是一個國一男生，用老師的話來形容他，這孩子非常聰明，就是臉皮薄，如果違反紀律了，私下教育能發揮作用。但如果當著全班同學的面責備他，保證他會折騰好長一段時間才會消停下來。

老師的話引起了君君媽的反思。自己在家裡經常會責罵孩子，每當他們倆發生激烈的衝突時，非但沒有發揮教育的作

用，反而引發了爭執。爸爸的脾氣也不好，父子倆說不了兩句就會弄得不愉快。

君君媽向班導師請教，像我家孩子這樣，如果犯錯了，該怎樣教育呢？班導師告訴她，對於君君這樣的叛逆期男生，最好在他犯錯後採取旁敲側擊的方法，即不講他犯了什麼錯，而是對孩子進行啟發，讓孩子學會自我反思。

不直接責備孩子，叛逆期的孩子會從父母的話語中去捕捉與他們有關聯的資訊，抓住這個關鍵點，父母就能避免犯先入為主責備孩子的錯。只要不激起孩子的反抗心理，親子溝通一般都很容易進行，尤其是當孩子真切地感受到你對他的好時，他們更會從心裡感激你，取得最佳的親子溝通和正面教育效果。

三、指出孩子錯在哪兒

責罵只會帶來麻木不仁，真正的管教是不會導致這種結果的。

試想，如果將一個人的自尊心碾碎，對方就會透過「感受不到」的方式來保護自己，並不會做出一副歡迎的樣子。正確的管教方式是，不僅要指出孩子究竟錯在哪裡，還要告訴孩子正確的做法，積極關注孩子的後續行為。

舉個例子——

情境：孩子作業沒做完就去睡覺了。

責罵：「怎麼沒做完作業就睡了？我就知道，你沒有一點責任心，將來我能指望你什麼呢？」

第四章 親子溝通：化解叛逆的關鍵

管教示範：「你作業沒做完就睡了，孩子你肯定是累了吧？那麼，明天早上早點起床把它補上，媽媽相信你的。」

這時孩子一定能體會到父母對他的關心和愛。

再舉個例子——

情境：孩子洗過的碗上還有很多油漬。

責罵：「你看你都這麼大了，洗個碗都洗不乾淨，學習也不好，你還能做什麼？」

管教示範：「好像碗上還有油漬，我猜你肯定沒有用洗潔精洗，那你不妨用點洗潔精洗一洗怎麼樣？」

對孩子說話，一定要軟化自己的語言，即使孩子有些不情願，之後也知道該怎麼做了。當孩子繼續做這件事時，父母和孩子才能變得更開心。

我要對你說

管教孩子盡量不要在以下時間：清晨、吃飯時、睡覺前。
管教孩子不應在下列場合：公共場所、當著孩子同學、朋友的面、當著眾多親朋的面。叛逆期孩子的自尊心都很強，在公開場合責備孩子，會讓孩子覺得沒面子，會打擊他們的自信心，還可能讓孩子對父母心懷不滿甚至怨恨，影響父母同孩子之間的感情。

減少責備,減輕對立

孩子遇到問題,很多父母都會直接責備孩子,或者責怪孩子笨、責怪孩子懶、責怪孩子不聽話……,這些方式都不利於孩子好性格的養成。

「怎麼說你都不聽?你怎麼回事?」一位媽媽這樣訓斥兒子。

男孩低下頭,一聲不吭,任憑媽媽怎樣推搡,他都沒反應,自顧自地做著作業。

這時,只聽「刺啦」一聲,媽媽氣得撕了孩子正在做的作業。孩子這時停止了一切動作,空氣瞬間凝固,淚水已在眼眶裡打轉。

「看看你什麼態度?繼續寫,寫不好我就再撕,直到你寫好為止。」媽媽瘋狂地發洩著自己的情緒,絲毫不顧及孩子的感受。孩子無助地開啟書本,拿起筆,抬頭看了一眼怒火中燒的媽媽,憤憤地在本子上寫著。

看到這裡,相信很多父母都會百感交集,既惋惜那份將要寫好的作業,又氣那個不用心的孩子,更可憐那個動輒就訓斥孩子的媽媽。

事實證明,經常被責怪的孩子會變得叛逆。他們從小在父母的責備中長大,體會不到父母的呵護,長大之後,有了自己的想法,就會厭惡、責備、仇視父母,從而變得更加叛逆。

第四章　親子溝通：化解叛逆的關鍵

有的孩子可能對父母唯命是從，時間長了，就會變得自卑、懦弱、沒主見、不自信，遇到困難，只會退縮。

有的孩子的身心會受到傷害，聽多了，就會對父母的責備司空見慣，變得自閉，不把責備當一回事。

為了避免責備，這些孩子會說一些欺騙父母的話，時間久了，還會跟父母作對。孩子和父母漸行漸遠，不願表達自己的真實想法，甚至會把自己孤立起來，變得內向；遇到挫折，感到無法承受時，還會做出過激反應。那麼，父母應該怎麼做呢？

一、接受孩子的不完美

家長希望自己的孩子優秀，是很正常的想法，也是一個美好的願望。但孩子有缺點那才是正常的，沒缺點才有問題。孩子身上出現缺點，父母最好不要立刻指出並要求改正，否則會挫傷孩子的自信心，讓孩子陷入自卑，因小失大。這時候，可以用引導的方法，循序漸進，慢慢地讓孩子意識到自己的錯誤，進而自己改正。

接受孩子的不完美是每個家長的人生必修課，自己的孩子跟他人的孩子沒有什麼不同，都是平凡的人，都有缺點。只要孩子能夠揚長避短，徐徐改之，即使缺點再大，這種影響也會慢慢消散。

二、責備孩子，也要堅持原則

究竟能不能責備孩子、能否讓孩子為自己的偏激行為負責？問題的重點在於「如何」責備，而不是「能不能」。

1. **責備要簡短**。叛逆期的孩子，對不中聽的話，他們一般都缺少耐性，父母的責備只要超過 3 分鐘，他們的耳朵就會自動關閉。父母說得再多，也只是自己一個人在演啞劇，因為孩子們只看見動作卻聽不見聲音。所以，既然要責備孩子，就要抓住重點、明確內容，只談今天的事，不要把過去的陳年舊帳翻出來。此外，要用自己的眼睛看著孩子的眼睛，讓孩子無法逃避大人的情緒，這樣孩子才會認真聽。

2. **責備要明確**。對孩子犯錯的行為給予糾正，必須用語言清楚表達，什麼時間、什麼人、發生什麼事、做錯什麼事、對別人的影響是什麼、以後要如何改進……。在責備孩子之前，先把要講的話在心裡練幾次，不僅可以抓住重點，還能緩和一下自己的情緒，不至於將親子關係搞僵。

3. **不要羞辱孩子**。所謂責備，就是對所做的錯事予以教導使他們改正，而羞辱則是對做錯事的人給予傷害。做錯的事，只要改正就好，但是給孩子造成的傷害，卻會一輩子影響孩子的心靈。因此，父母在指責孩子時，千萬要留意自己的用詞，要針對事情陳述，用期待的口氣相信他會改進，打擊孩子，只能讓孩子抬不起頭。人們都喜歡接近欣賞自己的人，而羞辱是導致親子關係疏離的一劑毒藥，要認真看待。

4. 及時修復感情。孩子被責備後，要替他找個臺階，讓他在同伴面前有面子。叛逆期的孩子自尊心很強，千萬不要在別人面前數落他，只有私下勸誡並愉快散場，才能保持良好的關係。修復感情，並不是責備之後立刻修復，要等孩子進行了短時間的反省和沉澱後，知道自己哪裡做錯了，想要改正錯誤，再來修復。因此，在責備孩子時，父母不能擺出高高在上的姿態，免得自己下不了臺。

三、不要在以下時刻責備孩子

哪些時刻，不能責備孩子呢？

1. 大庭廣眾下。即使是年齡再小的孩子，也有自尊及人格，尤其是叛逆期的孩子。既然要指責孩子，就不能當著眾人的面，不能將孩子的事當成笑話來說。發現他人對自家的孩子進行責備，一定要嚴肅告知並阻止這種行為。

2. 正在吃飯時。吃飯時，不要責備孩子，否則會導致孩子的腸胃虛弱，孩子剛吃到一半，就大聲哭泣，發生嘔吐等狀況，這些都不利於孩子身體和心理的健康，父母應在飯後對孩子進行開導教育。

3. 孩子生病時。孩子生病了，身體不適，可能會變得固執、愛發脾氣等，此時也是孩子最需要安全感、關愛與包容的時刻。不要因為孩子不愛吃藥或在醫院排隊等候心煩等，就責備孩子，因為悲傷會影響身體的康復，而你的不關心更會讓他變得灰心喪氣。

4. 高興時。一家人正高高興興地說話,朋友們樂在其中,孩子卻說錯了話、做錯了事,如果不太嚴重,就不要立刻指責,事後再與孩子好好溝通。

5. 已知錯或很悲傷時。孩子已經知錯,父母卻指責,只能讓孩子變得更「壞」。父母應傾聽孩子的想法,告知他下次要當心。孩子已經很悲傷,父母就不要再指責了,要好好擁抱孩子,讓他感受到父母無條件的愛。

6. 要睡覺時。睡覺前責備孩子,孩子會情緒不佳、無法入睡、做噩夢等,勢必會影響第二天的狀態,讓孩子的壞情緒不斷蔓延。當然,睡眠不足對身體的影響也非常明顯。

我要對你說

經常被父母責備的孩子,性格和心理都容易出現缺陷,後果很嚴重。發現自己無論如何都是做錯的那一個,孩子就變得暴躁、無奈,開始對抗、叛逆,你說什麼我偏不聽,跟父母對抗,甚至走向極端。

中篇
正向互動,培養孩子核心能力

中篇　正向互動，培養孩子核心能力

第五章
快樂成長：理解孩子的生活習慣

另類打扮 —— 接納孩子的「特立獨行」

孩子進入叛逆期後，除了叛逆或不聽話外，還有一個顯著的變化就是變得愛美了。這裡的愛美，不僅局限於女孩，男孩同樣也會開始注重自己的外表和形象。

比如，早起洗頭，用吹風機、定型液等固定髮型；喜歡穿一些成熟的衣服，有的女孩還會開始學習化妝、打耳洞；把寬鬆的校服修改成時尚、修身的版型。

叛逆期的孩子透過這些行為來滿足愛美的需求，但是在很多父母眼中，卻是不求上進的表現，會耽誤學習。為了讓孩子改正，就會過度斥責孩子，甚至跟孩子發生進一步的衝突。

朋友曉麗就曾因為這件事情和女兒大吵過一架，甚至冷戰過半個月。

女兒原先是個很聽話的孩子，但是上了國中後，就變得越來越愛打扮。雖然學校規定了統一的服裝（校服）和髮型，但是孩子們仍能在這種循規蹈矩的裝扮中變出自己的花樣。女兒就

> 中篇　正向互動，培養孩子核心能力

將校服的褲子偷偷改成了收腿的樣式，原先寬鬆肥大的褲子變得修身又有型。

面對這種行為，曉麗只是嘮叨兩句就算了，但是到了國二，孩子愛美的程度更為「嚴重」。開始倒騰各種化妝品不說，還揚言想染頭髮。曉麗嚴令禁止，但女兒最終還是跟同學偷偷地去染了頭髮，還打了耳洞。

曉麗感覺很惱火，感覺女兒這樣叛逆會影響學習，而且也是不學好的表現，為此和女兒大吵了一架。

學校老師發現後，不僅責備了孩子，還通知曉麗帶女兒回家把頭髮染回來，母女兩人的衝突徹底爆發。

女兒賭氣將自己鎖在屋子裡，說什麼也不願意把頭髮染回來，因為這件事，母女倆冷戰了半個月。

生活中，類似曉麗家裡的這種情況有很多。這些父母認為，國中階段孩子的主要任務是學習，只要孩子表現出對外在形象的關注，就認為是愛打扮、愛美，甚至會因為擔心影響孩子學習、引發未成年戀愛等問題而進行阻止。

事實上，叛逆期的孩子愛美，是身心發育的必然，也是少男少女走向成熟的徵象。

處於叛逆期的孩子有著較強的叛逆心，隨著自我意識和好奇心的增強，為了引起他人的關注，他們會全力以赴地追求自己的個性，在很多方面都表現得很另類，而穿另類衣服就是其中的一種。

第五章 快樂成長：理解孩子的生活習慣

面對孩子叛逆期愛打扮的問題，父母要及時調整心態，積極適應孩子的變化。孩子有自己獨特的穿衣風格，證明孩子在不斷變得成熟，有主見，父母的太多干預，只會引起孩子的反抗心理，要從心理和思想層面對孩子進行引導，培養孩子更廣泛的興趣愛好，讓孩子將自己的注意力轉移開來。

叛逆期的孩子愛打扮，但這並不代表孩子開始走向物質，不關注內在。所以父母要對孩子的這種行為多些寬容，少些計較，否則會讓孩子出現叛逆情緒，放棄自我。

一、與孩子探討關於服裝與潮流的問題

如果孩子喜歡關注穿著打扮，父母的正確做法應該是順水推舟，主動跟孩子一起討論潮牌和流行的服飾，並向孩子灌輸正能量，不要讓孩子產生攀比心。

孩子很容易受到外界影響，父母不能墨守成規，可以透過審美類和著裝類書籍與孩子探討服裝搭配與潮流；同時，要根據孩子的體型、氣質等給孩子提些建議，讓他們明白著裝要符合身分，盲目追求新奇不可取。與孩子進行深度交流，增進親子關係，幫助孩子輕鬆度過叛逆期。

二、尊重孩子的審美敏感期

教育的本質是尊重、平等和溝通，無論孩子年齡多大，父母都要尊重孩子的審美敏感期，一旦破壞，孩子就會在心中產生怨恨情緒，與父母的感情出現裂痕。

> 中篇　正向互動，培養孩子核心能力

　　當孩子表現出敏感期的行為特徵時，很多父母不是沒有發覺，而是覺而不察，即使明顯感知到了，也不知道如何幫助孩子，以致錯失了良機。父母認為這是孩子在鬧脾氣，會感到不耐煩，甚至還會對孩子的「不當」行為進行管教和斥責；叛逆期的孩子無法充分體會到成長的美好，就會變得膽小、孤僻，失去探索未知世界的勇氣。

　　叛逆期的孩子對自己的外在形象有了自己的願望和審美標準，尤其女孩，開始對自己的衣著和服飾產生濃厚興趣。這個時候，孩子需要的是父母的肯定，而不是以成人視角對「美」的評判，父母要注重對孩子的審美進行引導，千萬不要用「不正常」、「怪異」等定性詞語來評論孩子。

　　孩子對美有追求，說明他們的精神世界正走向深入，對美好事物的感覺會深深印在他們的記憶深處，直接影響將來的氣質和審美能力的發展。父母必須以客觀的態度，在日常的生活與活動中觀察孩子，只要發現了這方面的特徵，就要為孩子創造適宜的環境，做出正確的引導。

　　父母不要刻意用成人的標準去要求孩子，認為孩子不該這樣穿，不該那樣穿。在節假日裡，即使孩子穿著不太合你心意，只要社會環境能接受，父母都應該尊重孩子的選擇。

三、引導孩子形成正確的審美觀

愛美之心，人皆有之。我們每天都在為了「美」奮鬥，比如，更美的生活、更美的衣服、更美的心情等。之所以要讓孩子從小樹立正確的審美觀，是為了讓他們分辨出美和醜。正確的審美觀，會引導孩子去追求美，去努力創造美。

叛逆期的孩子愛打扮，父母不能將關注點放在行為本身，要幫助孩子形成正確的審美觀，讓孩子了解到什麼是真正的美、人的魅力從何而來。

3～12歲，是孩子接受知識較佳的時期，也是打基礎的時期，這時候的審美教育和德智體教育同樣重要，都會影響孩子的未來。父母要引導孩子發現身邊的美，有具體的，也有抽象的，比如，自然景觀的美讓人們心曠神怡，心情愉悅；社會人情的美讓我們感動和讚嘆……。所有的人和事，都會感染孩子純淨的心靈，在他們心中樹立美的樣本。父母要多跟孩子講述和發現這些美，為了強化孩子對於美的概念，還可以帶孩子一起去體驗。

我要對你說

處於叛逆期的孩子，對穿衣打扮往往都會有自己的喜好。對於他們的這種喜好，父母要多一些理解和認同。不要覺得穿著另類，就是壞孩子，更不要覺得孩子重視穿衣打扮，就會影響學習。在資訊化時代，孩子的思想必定不會

中篇 正向互動，培養孩子核心能力

> 像老一輩那樣保守，父母應尊重他們的喜好，既不要用老眼光來看待孩子的穿著，也不要強迫孩子穿他們不喜歡的衣服或剪不喜歡的髮型。

愛睡懶覺 —— 培養良好的睡眠習慣

叛逆期孩子睡懶覺的習慣並不是因為他們懶惰，而是生理因素使然。早晨的這種嗜睡現象與他們的生理有密切關係。隨著孩子年齡的不斷成長，起床的時間會越來越晚，但到20歲時，這種情況會突然發生變化。20歲後，他們就開始傾向於早起。

昊昊已經11歲了，可是每天早上都喜歡睡懶覺，醒了也不肯起床，總是要父母好說歹說才願意起床。所以，每天早晨上學都是這個家最煩惱的事了。實在沒辦法，看到孩子賴床，爸爸竟想出了用吹起床號的辦法叫他起床，媽媽看到此情此景，不禁笑出了聲，吐槽：「是不是這一棟樓的人都被叫醒了？」

睡懶覺，幾乎是每個孩子的共同嗜好，也是多數父母共同的煩惱。其實，不僅孩子如此，大人也一樣，很多成年人也喜歡睡懶覺，只不過有些成年人自制力強，或者已經養成了良好的作息習慣而已。

第五章　快樂成長：理解孩子的生活習慣

有個女孩正上國中，平時住校。放假時，孩子天天睡到十點多才起來。剛開始時，媽媽心疼孩子沒說什麼，但是過了一星期就忍不住了，每天最要命的就是催孩子起床。

為了讓孩子早點起床，父母使出渾身解數，效果卻不明顯。更讓人無言的是，父母甚至曾端來一盆水倒在孩子的床上。效果很明顯，孩子立刻起床。

然而因為這件事，孩子和他們冷戰了一段時間。經歷過這樣的事情之後，父母再也不敢採用極端的方式，只是希望學校能夠早點開學。

其實，孩子偶爾睡懶覺並沒什麼，經常睡懶覺，就是一個壞習慣了，父母必須讓孩子改掉。

孩子之所以會睡懶覺，原因不外乎以下幾點──

晚上熬夜。沒有電視和手機時，孩子很早睡覺。隨著通訊工具的普及，孩子的多數時間被手機占據。有的孩子表面上看起來在睡覺，實際上到了晚上一兩點都還沒睡。孩子晚上不睡覺，早上怎麼起得來？

想要放鬆。孩子課程越來越繁重，很多孩子都是早上五、六點起床，晚上十點多才下課。在學校已經很疲勞了，只能利用週末或寒暑假時睡懶覺。他們之所以會睡懶覺，並不是喜歡睡懶覺，而只是為了放鬆一下。

習慣沒養好。有的孩子之所以會睡懶覺，是因為他們養成了睡懶覺的壞習慣。在家裡，爸媽都很疼愛自己，即使自己不

起床，也不會受到懲罰。

叛逆期的孩子睡懶覺也是可以理解的，但一旦養成壞習慣，就很難改變了。

一、鼓勵孩子早睡早起

只有幫助孩子養成良好的作息習慣，才能有效解決孩子愛睡懶覺的問題。下面我們來看這位媽媽是怎麼做的。

薇薇幾乎每天早晨都要賴床不起，有好幾次媽媽送她上學時都差點趕不上校車，媽媽感到異常惱火，而薇薇也幾乎每天早晨都會挨罵。媽媽思來想去，認為薇薇之所以早上無法準時起床，可能是因為晚上太晚睡覺了，於是決定每天晚上讓薇薇早點睡。

這天，薇薇吃完晚飯後，媽媽沒有讓她看電視，而是帶著她到附近公園轉了一大圈，回來後薇薇有些累了，媽媽趕緊幫她盥洗。盥洗後，薇薇感覺舒服多了，稍稍有了睏意，媽媽趕緊讓她早點睡覺，薇薇雖有些不情願，但畢竟也有些睏了，於是上床睡覺去了。

由於這次比平時早睡了一個多小時，第二天起床時薇薇並沒有太多的睏意，鬧鐘響了沒多久，她便起床盥洗了，這次媽媽沒有喊她。當然，對於她的好表現，媽媽也及時表揚了她。此後的幾天，媽媽盡量透過各種辦法讓她早睡早起，漸漸地，薇薇就養成了早睡早起的習慣，賴床的行為也很少再發生。

第五章　快樂成長：理解孩子的生活習慣

與其責備孩子賴床不起，不如想個辦法讓孩子早睡早起。睡眠相對充足時，孩子也就不會再賴床了。

二、讓孩子為自己的懶惰買單

多數孩子都是因睡眠不足（晚睡）而導致的賴床，也有少數孩子留戀被窩的舒適而不願起床，尤其是在冬天的早晨。也就是說，有的孩子即使睡眠充足，早晨也不想起床，總想在被窩裡多待一會兒，怎麼辦？適當地讓孩子接受懲罰，讓他為自己的賴床付出代價，是一種有效的方法。

強強是一個特別愛睡懶覺的孩子，為此，媽媽每天都要花費一番力氣才能讓他順利起床，真是煩不勝煩。

為了避免強強上課遲到，媽媽替他定了兩組鬧鐘，一組叫不醒他的話，另一組十分鐘後接著叫，即便如此，強強依然一動不動，媽媽每天無奈地去他房間催促他起床。為此，媽媽絞盡腦汁也沒有找到一個有效的解決辦法。

一個偶然的機會，媽媽從一本家庭教育雜誌上看到一篇關於孩子睡懶覺的文章，其中有一種避免孩子睡懶覺的方法就是「讓孩子適當受到懲罰」。媽媽決定嘗試一下這種方法。

強強第二天再賴床不起時，媽媽並沒有去他的房間催促他，而是按兵不動。強強感覺不對勁，過了一會兒等他主動起床盥洗時，發現時間已經晚了，雖然他很快就盥洗完畢，但是趕到接送點時發現校車已經開走了。強強急得像是熱鍋上的螞蟻，一個勁兒地埋怨媽媽沒有及時喊他起床，媽媽也表示「後

悔」。無奈，最後母子倆只好叫了一輛計程車來到了學校，此時已經上課10多分鐘了，強強自然受到了老師的責備。

經過這件事後，強強十分後悔，而他再也沒有因為賴床而遲到過。

雖然這種方法帶有一定的懲罰性，但對於「屢教不改」的孩子，依然能取得一定的效果。當然，這種方法不能經常使用，否則會出現兩種後果：一是打擊孩子的自尊心，二是讓孩子變得越來越「皮」。

三、引導孩子提高睡眠品質

只有提高睡眠品質，第二天才能精力充沛地上課，才能提高聽課效果，取得好成績。那麼，如何才能提高睡眠品質呢？

首先，要注意「二宜三忌」。

1.「二宜」。

（1）睡前散步。在正式睡覺之前，可以讓孩子穿上舒適的衣服和鞋子，到外面走一走，散散步。回來之後，他們往往能更快入睡。

（2）睡前泡腳。睡前泡腳，有利於血液循環，讓手腳不再冰涼，更容易入睡。

2.「三忌」。

（1）不要吃得太飽。為了讓孩子長高，家長會替孩子做可口的飯菜，準備各種水果，但孩子一下子攝取太多，容易增加腸

第五章 快樂成長:理解孩子的生活習慣

胃負擔,影響睡眠品質。因此,睡前如果孩子餓了,可以讓他適當喝些牛奶,不要吃油膩的東西。

(2) 不要沉迷於娛樂。睡覺之前聽音樂、看電影,孩子就會處於興奮的狀態,無法入眠。因此,睡前不要讓孩子看容易興奮的影片,也不要談論恐怖、傷感的事情,盡量保持心情的平靜。

(3) 不要喝提神的飲料。為了延長學習時間,有些孩子會喝咖啡或濃茶來提神。咖啡中的咖啡因、濃茶裡的茶鹼容易讓人處於亢奮狀態,直接影響睡眠品質。因此,不要讓孩子晚上喝咖啡和濃茶。

其次,要想提高睡眠品質,要從以下幾方面做起:

1. 正確的睡眠姿勢。為了提高睡眠品質,要讓孩子右側臥,微曲雙腿,自然放鬆,一手屈肘放枕前,一手自然放在大腿上。

2. 順應生理時鐘。每天都讓孩子準時起床,迎接早晨的陽光,孩子的生理時鐘就會準時運轉。這是提高睡眠品質的關鍵要素之一。

3. 營造理想的睡眠環境。要想為孩子創造一個清靜的睡眠環境,首先要保持通風,讓新鮮的空氣在房間裡流動。然後,準備一張舒適的床,枕頭軟硬要適中。將臥室的溫度控制在 15 ～ 24 攝氏度之間。

中篇　正向互動，培養孩子核心能力

> **我要對你說**
>
> 找到孩子愛睡懶覺的原因，然後再根據孩子的實際情況有針對性地進行引導，就能解決孩子睡懶覺的問題。睡覺前，不要讓孩子進行劇烈的運動，讓孩子適當進食，過飽對睡眠品質也會有影響。此外，不要讓孩子由於一些心理原因，比如，把睡覺當作擺脫生活、學習壓力的辦法；情緒不好、心情不好、無活動欲望等，以睡覺來消磨時光。

不愛收拾 —— 引導孩子養成整理的自覺性

生活中，經常會聽到父母的抱怨：

「我家孩子現在每天把家裡搞得跟垃圾場沒啥區別，玩具到他手裡，沒兩分鐘就扔得到處都是。」

「誰說不是呢，你說他玩玩具就好好玩，我前一秒剛收拾好，下一秒他又能給你扔得到處都是。」

「我家小孩也是，吼叫打罵都不管用，任憑你說破嘴，人家還是照扔不誤。」

…………

相信很多父母都被自家「熊孩子」亂扔東西的習慣困擾過。

家裡被孩子搞得亂七八糟；沙發上的抱枕被遠遠扔在地上；

第五章 快樂成長：理解孩子的生活習慣

玩具被摔得散了架……。孩子的這些行為，讓父母抓狂，同時父母也感到困惑——扔東西有這麼好玩嗎？為什麼孩子總是樂此不疲？父母到底要不要管？如何管？

很多孩子小時候還會自己疊被子、整理玩具，可是進入叛逆期後，床鋪反而亂糟糟，書桌、課本、紙都是隨便放，換下來的衣服隨手就丟在地上。孩子們並不是不愛整潔、不愛美，因為他們出門之前，也會對著鏡子看一看，照照臉、梳梳頭、換換衣服……。

收拾整理的好習慣可以反映孩子的自我管理能力，有利於幫助孩子提高學習效率，預防和矯正丟三落四的壞習慣；還可以增強孩子的責任感。孩子做完自己的事情後，為了給別人提供方便，有責任把場地打掃乾淨，把物品擺放整齊。

叛逆期的孩子做事是以快樂為動機的，比如疊被子、掃地、整理桌面等，並不是讓孩子快樂、有動力做的事情，而打扮自己，讓同學朋友覺得自己好看，增強自信心，卻會讓他們感到快樂，自然會有動力去做。

一、讓孩子意識到整理的必要性

能夠讓孩子得到實惠或意識到這種實惠，孩子自然就有了收拾整理的動力。簡單地說，就是一定要讓孩子意識到收拾整理的必要性。

輝輝是一個國小二年級的男孩，他活潑好動，喜歡動手製

中篇　正向互動，培養孩子核心能力

作小東西，卻不愛收拾東西，書包、文具、玩具等到處亂扔。當然，他自己的衣物及其他用品也是到處扔，害得媽媽每天都要幫他收拾、幫他找。媽媽認為不能再讓輝輝這樣下去了，決定找機會讓他意識到整理的必要性。

一個週末的上午，輝輝在家裡弄手工製作，很多材料都找齊了，發現主要的工具──螺絲刀不見了，他急得像熱鍋上的螞蟻。抽屜裡、工具箱裡、書包裡找了好幾次，還是不見螺絲刀的蹤影，他幾乎要抓狂了。媽媽勸他好好想想，上次用完螺絲刀放哪兒了？或者上次在哪裡用過螺絲刀？

輝輝終於想起來，上次可能是在臥室用過螺絲刀，於是他急忙跑進臥室找，可是找來找去還是不見螺絲刀的影子，他幾乎對找到螺絲刀不抱什麼希望了。正在這時，媽媽走進來幫他找，媽媽拉開床墊看看螺絲刀是否掉在了床與牆壁之間的縫隙裡，結果終於在這裡發現了螺絲刀。找到了螺絲刀，輝輝高興得跳起來，用力地在媽媽臉上親了一口。

原來，上次輝輝弄完小手工時順手把螺絲刀扔在了床上，而媽媽幫他收拾床鋪時無意中把螺絲刀掉在了床和牆之間的縫隙裡，這才導致了上述情況的發生。等輝輝做好小手工品後，媽媽趁機勸輝輝把所有的工具放回工具箱裡，把製作材料放入一個專用的小盒子裡，輝輝這次爽快地答應了，因為這樣做方便他下次使用，經過這次的事情，他對整理的必要性是深有體會了。

第五章　快樂成長：理解孩子的生活習慣

如果孩子不收拾東西或東西用過後隨便亂扔，下次再找時就會非常困難，也很不方便；即使最後找到了，也要花費很多的時間和精力。只要孩子懂得了這個道理，或親身體會到了這樣做的不便，就能漸漸養成收拾和整理的習慣。因此，一定要讓孩子從小養成隨時收拾東西的習慣。

二、讓孩子記得物品歸位

一天造成的混亂通常都很容易處理掉，但是長時間累積起來的混亂卻會讓無序狀態變得越發不可收拾。最好的方法是，讓孩子記得物品歸位。

還原，是秩序感的展現。家中的各種物件都要注意還原，比如，椅子推回原位，喝完水後要將杯子蓋好，筷子要放到筷托上，這些都是孩子應該學會遵守的家庭慣例。如果孩子總是詢問物件在什麼地方，一會兒找不到剪刀了，一會兒找不到膠水了，一會兒找不到遙控器了，就說明孩子缺少物品歸位意識。

有的父母說，自己也要求孩子這樣做，但是成效不大，孩子總是記不住。遇到這種情況時，父母就要嚴格一些。

一位媽媽在半夜12點叫女兒將物品歸位，女兒抗議說：「媽媽，能不能早點叫我收拾。」

媽媽說：「不，下次我3點叫你來收拾。」

幾天之後，女兒就做得很好了。

中篇　正向互動，培養孩子核心能力

三、引導孩子做事有條理

要仔細觀察一下孩子是怎樣整理東西的，看看他們會不會分類擺放自己的東西，分好類的東西有沒有擺放整齊？如果孩子的房間一團糟，大人根本就沒辦法落腳，父母就要努力幫助孩子改進了。

週日下午，磊磊寫完作業後，剛準備出去玩，媽媽拉住了他，說要教他整理書包和文具。剛開始磊磊不樂意，媽媽耐心地跟他講了一番道理，告訴他學會整理的必要性，然後以有趣的提問方式一點一點地教磊磊整理書包和文具。比如，課本怎樣放更方便取用，作業本怎樣放不容易磨損，水彩筆怎樣放不容易弄髒文具盒等。

磊磊在媽媽的啟發下，幾乎都說出了正確的答案，媽媽直誇他聰明，他也高興得手舞足蹈。就這樣，磊磊學會了整理自己的書包和文具，漸漸地，媽媽又教他整理其他日常用品，而磊磊也從中獲得了益處。不到一個學期，磊磊基本上養成了自己收拾整理東西的習慣。

讓孩子學會收拾和整理並不難，只不過大多數父母從來不把它當回事，認為沒必要在這些小事上和孩子較真，有費口舌讓孩子整理的時間，還不如自己動手效率高。這種想法是錯誤的。包辦本該孩子做的事情，會在一定程度上削弱孩子在這方面的能力，不利於孩子養成做事有條理的習慣。

現在，很多家庭都有書房或書架，但他們的書架看起來跟

第五章　快樂成長：理解孩子的生活習慣

雜貨架似的，上面一攤，下面一攤。要想讓孩子做到條理有序，就要從整理書房開始，讓他們將自己的課本、工具書、雜誌、父母的書，像圖書館一樣做好分類，從大到小地整齊排列。另外，平時要多替孩子準備一些收納筐和收納盒，放置內衣、襪子、玩具、文具、鞋子……，有助於孩子條理性的培養。

記住，一切的家教都可以從家裡的物件開始，桌子、椅子、盤子、碗、毛巾、衣服、書、筆，都是教育孩子的素材，都是培養孩子的工具，父母們一定要學會使用。

我要對你說

孩子到了一定年齡會和父母分房睡，擁有自己的「專屬領地」，需要學會自己整理房間。把自己的玩具、書籍等分類放好，不僅會讓房間看起來更加清爽，孩子的動手能力也能得到鍛鍊。此外，分類歸納物品，還能鍛鍊孩子的思維，有助於孩子的學習。

沉迷短影音 —— 陪伴孩子應對短影片誘惑

如今，很多孩子都刷短影音成癮，或模仿影片裡的誇張動作，或濃妝豔抹扭來扭去，或加數十個廣告群、兼職群。某個影音頻道還被曝出平臺上出現「我媽媽死了，能給我一個讚嗎？」

> 中篇　正向互動，培養孩子核心能力

的直播短片，該短片形式還被多名未成年人模仿。雖然該頻道已下架相關影片，但也讓不少父母談之色變。

黃女士下班回家，發現自己9歲的女兒小雪濃妝豔抹，正在對著手機拋媚眼。

黃女士詢問過後才知道，小雪是在學習平臺上的影片。

小雪嘴巴上塗著口紅，翹著蘭花指，隨著手機裡略顯滄桑的男聲扭來扭去，完全像變了個人，黃女士震驚不已。

黃女士覺得那些成人化的動作與女兒稚嫩的臉龐十分違和。

如今，越來越多的青少年沉迷於各種短影片軟體中，其中不乏6～10歲的孩子。

之前曾發生幾起因模仿平臺影片而發生的慘痛事故，本該是天真爛漫的孩子，卻因為不良導向的影片而失去童真。

短影片之所以受孩子們喜歡，主要原因是其內容新奇、種類繁多和輕鬆幽默。叛逆期的孩子好奇心較強，容易沉迷於手機不能自已。這些孩子之所以會這樣，多半是因為缺乏有效陪伴，或家庭壓力比較大，孩子被網路世界的寬鬆環境和無批判的氛圍所吸引。

對於叛逆期的孩子來說，該平臺彷彿開啟了新世界的大門。在這裡，有超酷的哥哥、漂亮的姐姐，還有很多新奇又好玩的東西，這是他們平時根本看不到的。相對於學習的枯燥乏味，該平臺提供的資訊簡直太神奇了。孩子們自然就會沉浸在形形色

> 第五章 快樂成長：理解孩子的生活習慣

色的影片中。

玫玫是四年級學生，下課時很活躍，搞笑的表情和段子一個接著一個，可是上課卻時常走神，作業也潦草應付，還時不時以頭痛、身體不舒服為由請假回家。

玫玫的日常生活是這樣的，早上一睜開眼睛，先去摸手機，然後趕緊刷最新的短影片，在床上咯咯笑著看上半個小時。洗臉、刷牙、上廁所，影片也要放著。用她的話說就是，她需要來自該平臺影片的力量。

請假回家也是在玩手機，刷影片。影片不刷夠就不寫作業，一旦父母干涉阻止，玫玫就揚言要「離家出走」。

叛逆期的孩子刷影片成癮，不能一味地將責任推給平臺。因為孩子的自控力差，價值觀也沒完全成型，無法抵禦網路上的誘惑。除了該平臺要加強稽核外，父母也要關注孩子的生活狀態，適當進行干預，給予他們正確的教育和引導。

一、控制孩子玩手機的時間

如今，手機已經成為孩子日常生活學習的必需品，無論是打電話、查資料，還是上網路課程，都要用到它。可是，手機是把雙刃劍，教孩子合理使用手機，是父母必修的課題。

雖然手機是父母出錢買的，孩子只有使用權，但既然給了孩子，就不能中途逼迫孩子交出來，否則只會激起孩子的叛逆心，影響親子關係。所以，父母要先跟孩子說清楚如何正確使

用手機，必要時再透過其他方式限制孩子玩手機的時間。

父母要和孩子一起分析玩手機、刷短影片的利弊，提高孩子的自我驅動力，讓他們進行自我管理，引導孩子做好時間規劃，將玩手機的時間控制在一定的時間內，時間到了就準時結束。

二、讓孩子培養更多的興趣愛好

一旦孩子對其他事物產生了興趣，注意力就會從手機短影片中轉移出來，還可以結交更多志同道合的朋友，讓生活變得豐富多彩，孩子也就不會因為無聊而長時間沉浸在短影片裡。

手機等電子產品，是輔助學習的工具，父母首先應接受孩子必須使用手機的現實。但為了讓孩子將注意力從手機上移開，就要培養孩子的興趣愛好，引導他們對生活中的其他事情感興趣，比如旅遊。在遊覽公園時，可以引導孩子用所學的知識觀察花、草等植物，讓其了解相關的種植方法，或者到動物園看某種小動物，了解其生活習性等，然後根據孩子的興趣，為其準備相關的書籍或模型。

三、父母主動放下手機

孩子一個人待著無聊，就會學父母，拿起手機刷短影片。親子交流的時間變得越來越少，時間都交給了手機。父母要多陪陪孩子，跟他們聊天，陪他們做遊戲，看書讀繪本，給孩子高品質的陪伴，減少手機使用時間。

1. 出門前。每天早晨，父母總是忙碌的，不僅要準備孩子

第五章 快樂成長：理解孩子的生活習慣

上學的衣服、準備早餐、帶孩子刷牙洗臉，還要幫忙檢查作業本是否放進書包、給零用錢……。在緊張的早晨，很多父母卻喜歡抱著手機工作、聊天、看新聞，一看就是半小時，聽到孩子起床了才跟著一起起床，然後匆忙為孩子準備必需品，催促孩子，出門時也緊張兮兮無法和孩子正常交流，偶爾還會忘記孩子交代的事情，孩子一整天的學習狀態從早晨開始就被影響了。其實，要想為孩子安排家庭生活，父母要比孩子提早半小時起床，先處理好自己的事情，再為孩子妥當安排。

2. 下班回家時。有的孩子會向老師抱怨：「我爸爸不愛我，他下班回家都在打電話，我叫他，只會告訴我『等』。」下班回家時，父母依舊手機不離手，所有的注意力都在手機上，注意不到身邊渴望被你擁抱的孩子，孩子就會感到失望，誤以為父母不愛他了，甚至覺得自己做錯了什麼，然後想入非非，直接影響第二天上學的狀態。父母下班回家前，要立刻結束比較緊急的電話等交際，確保回家後能第一時間接收到孩子的愛，和孩子一起擁有一段親子相處的時刻，專心陪伴孩子，增進彼此的感情。

3. 孩子做作業時。每次孩子放學回家，總能帶回來一大堆作業，因此孩子在家的時間多半都是在做作業中度過的。這時候父母看著手機坐在孩子身邊監督，玩一會兒手機，「教育」孩子幾句，很容易分散孩子的注意力，無法保證作業品質，造成孩子做作業磨蹭，一心兩用。孩子一旦養成了這種壞習慣，考試時就無法專心，更別說順利交卷了，成績自然不如人意。父

> 中篇　正向互動，培養孩子核心能力

母可以挑一個比較遠的位置監督孩子做作業，或乾脆不出現在孩子面前，給孩子創造一個安靜思考的環境，保證不在孩子的視線內玩手機。父母做個好榜樣，孩子的學習才能越來越好。

　　4. 睡前時間。睡覺前也是父母最愛玩手機的時間。如果父母自顧自地玩手機，要求孩子獨自完成所有睡前準備工作，孩子會覺得明明家裡有人，卻感到十分孤獨，沒人疼愛。時間長了，孩子會變得敏感，不親近家人，反而對外人更加親近、交心，而這樣的孩子也最容易上當受騙，受傷也在所難免。

　　所以，無論孩子年齡多大，當他準備入睡時，父母都應該放下手機，陪孩子一起盥洗，和他說說話，全心全意地陪著孩子入睡，給孩子足夠的愛，讓孩子不輕信他人。

我要對你說

叛逆期的孩子，三觀尚未成熟，而在這個世界上，好玩的東西又太多，不是光遠離短影片就萬事大吉。更重要的是要幫助他們樹立正確的價值觀，教會孩子在網路世界裡選擇、判斷和思考，建立自己的價值體系。孩子只有學會珍惜時間、相信知識的力量，才不會被網路迷住了眼，不會被一些娛樂工具牽著走。孩子們可以把短影片作為一種娛樂放鬆方式，但絕不能被其左右。

第六章
樂學習慣：幫助孩子愛上學習

理解孩子不認真聽講的原因

　　課堂是孩子學習知識最重要的管道，課上如果不認真聽講，不跟著老師的思路走，聽課效率就無法提高，學習成績自然也就無法提升。如果聽課不認真，究竟該如何引導呢？

　　飛飛讀三年級時，上課時總是出狀況，爸爸不定期地會接到老師的電話。老師主要反映的是飛飛在課堂上的表現。他不是盯著窗外發呆，就是找同學講話，要不就是不停地擺弄著鉛筆、尺子、書包肩帶。這些表現嚴重影響了飛飛的學習成績，老師也是苦惱不堪。

　　事實上飛飛在家裡做功課的情況也不好，磨磨蹭蹭，一個小時的作業量，總要翻倍的時間才能完成，而且正確率也不高。爸爸問他：「為什麼上課不好好聽講？」他就說老師講得太快了，他聽不懂。

　　爸爸對飛飛的這個狀態真是又氣又急。

　　現實中，像飛飛這樣的孩子還有很多，比如，教室外只要

有一點聲響，就能將孩子的注意力從課堂中「帶走」；只要同學說一句悄悄話，孩子就會思緒萬千……。對於自己為何不認真聽講，孩子總能給出很多的理由，比如不喜歡老師、聽懂了不用再聽、聽了也沒用……。其實，這些都是孩子找的藉口。尤其是叛逆期的孩子，更會以此為樂，張嘴就來。這時候，如果父母嚴厲斥責他們，孩子可能會更加不喜歡上課。

不認真聽課，孩子就抓不住課堂重點，更無法理解和掌握知識；即使遇到需要特別注意的重點，也會疏忽和遺漏。為了補上這些遺漏的重點，孩子可能要花費更多的時間，獲取知識的效率就會大大降低。不進行課後補救，課後作業不會做，不能及時鞏固和消化重點，新的課程又聽不懂……。周而復始，就會形成一個惡性循環，每堂課的上課時間雖然短暫，卻是掌握知識、理解知識的重要環節。重視課堂，認真聽課，就能有好成績。孩子的學習差距基本上都是從課堂聽講開始的，因此引導孩子養成上課認真聽講的習慣非常重要。

一、課前，提前做好準備

為了讓孩子認真聽課，課前就要做好準備，具體內容包括──

1. 生理準備。在課堂上，為了更快地理解和吸收知識，孩子需要不斷地動腦來思考，因此大腦是否處於最佳狀態關係著聽課效率。要想讓孩子的大腦在課堂上保持最佳狀態，就要讓孩子保證充足的睡眠和休息。要讓孩子早睡早起，不熬夜，下

第六章 樂學習慣：幫助孩子愛上學習

課時間不做劇烈運動，午睡時間不要太長。保持良好的生理狀態，讓孩子的大腦處於興奮狀態。

2. 心理準備。不同的心理準備，會導致不同的課堂學習效率。比如，有的孩子一見老師進教室就分外高興，盼望著課上能向老師多學點新知識，解決新問題。這種心理狀態，必然會提高課堂的學習效率。

3. 學習用品準備。課前，要讓孩子準備好上課需要用到的學習用具，比如書、筆記本、學習文具等。正式開始上課，才去找筆、找墨水、找書本，會將課堂時間白白浪費掉。如果老師正好講到重點知識，而孩子忙著找東西沒有聽到，聽課效率就會大大降低。

4. 知識準備。在老師正式講課之前，要先讓孩子獨立地去了解即將要學的新知識，做到心中有數，改變被動學習的局面。最好是提前預習 20 分鐘，這樣課堂上孩子就能更快地進入學習狀態，跟上老師的思路，提高聽課效率，及時發現自己知識上的薄弱點。

二、教給孩子正確的聽課方法

課堂是學習的中心環節，只有保持專注力，才能提高學習效率。所以，父母要教給孩子一些高效聽課的方法。

1. 目標聽課法。目標聽課法就是帶著問題去聽課。具體過程如下，將課前預習時不懂的問題記下來，上課時帶著這些問

題去聽,目標明確、針對性強,效率極高。對於自己預習時已經弄懂的知識,課堂聽一遍等於複習了一遍,可以加深印象;預習時,不懂的地方,要重點聽、認真聽、仔細聽。如果課堂上沒有聽明白,還可以讓孩子主動提問,讓老師再講,直到聽懂為止。

2. 質疑聽課法。質,是根據事實來問明或辨別是非;疑,是疑難或疑惑。從一定意義上來說,解決疑難、明辨是非的過程,就是獲得知識的過程,知識的獲得、能力的發展,都是在不斷質疑中實現的。所以,父母要告訴孩子,聽課時,對沒有聽懂的問題,要及時舉手請教;如果不能打斷老師,可以先記下來,下課後再向老師請教;對老師的講解、同學的回答有不同看法,可以隨時提出。這樣,就能讓孩子集中注意力,認真聽講。

3. 五到聽課法。聽課時,要讓孩子將自己的耳、眼、口、手、腦等都充分動起來,多感覺器官並用,多個身體部位參與聽課。

耳到:讓孩子用耳朵聽老師講課,聽同學的發言、提問,不要漏聽,更不要錯聽;

眼到:讓孩子用眼睛看課本,看老師的表情,看黑板,看優秀同學的反應;口到:讓孩子張嘴表達,包括複述、朗讀、回答問題等;

手到:讓孩子用手做筆記,圈重點,寫感想,做練習;腦到:讓孩子動腦筋,勤思考,集中注意力。

4. 符號助記法。不管孩子的記憶力如何，都不可能把老師講的內容全部記住，必須將聽課筆記充分利用起來。但是，無論孩子書寫速度多快，都趕不上老師講課的速度，這時候就要藉助不同的符號來代表不同的意思。比如，重點語句，可以打著重號、畫波浪線或加三角號；疑難問題，可以打問號。

三、鼓勵孩子專心聽課

如何才能做到專心聽課呢？

1. 跟著老師走。有的孩子容易受外界環境影響而分散精力，有的孩子喜歡做小動作，比如玩學習用品、傳字條、和好朋友交頭接耳等。分散注意力，上課效率就會大大降低。因此，要想讓孩子將注意力都集中在課堂上，就要排除干擾，全神貫注地聽課。最好的辦法是，讓孩子的眼睛跟著老師走，注視老師，將注意力集中在老師所講的內容上。

2. 積極思考。用心思考是提高聽課效率的關鍵。在課堂上，孩子只聽不思，既不做小動作，也不說話，一直注視著老師，表面上看起來似乎在認真聽課，但是左耳朵進右耳朵出，一堂課下來，大腦裡毫無印象。這種聽課是被動的，效率很低，必須讓孩子動腦筋，認真思考，把知識點全部消化掉並記住，領會知識的內在關聯，找出事物的發展規律。

3. 抓住重點。每節課開始 5 分鐘左右，老師一般都會強調一下上節課的重點內容。這時候，即使是聽過的內容，也要讓孩子

中篇 正向互動，培養孩子核心能力

再聽一遍。讓孩子跟著老師的節奏，就能將前後兩節課的知識點串聯起來。如果孩子忙著收拾東西，無心聽，就會錯過提高學習品質與效率的時刻。此外，每節課都有自己的重點或難點，老師不可能反覆提醒學生：「這句話是重點，拿出紅筆勾上。」對於老師強調或語氣加重的地方，或者老師用「一、二、三」的方式列舉的知識點，就要多關注，因為這些知識一般都是要點。

> **我要對你說**
>
> 一塊橡皮，可以看出孩子在學校有沒有認真聽課：如果橡皮已經不完整了，看起來被掰斷過、有手指摳過的痕跡，上面還有鉛筆、原子筆等留下的痕跡，說明這個孩子上課很喜歡做別的事情，還喜歡「蹂躪」橡皮，上課注意力不集中；如果橡皮明顯被小刀切過、被折斷過，上面還有孩子的「傑作」，比如，圖畫或者密密麻麻用筆頭戳過的痕跡，說明孩子上課經常走神，老師上課講課，他在玩自己的。

指出粗心的後果，培養細心習慣

下面這些話，很多人都聽到過，或者自己也經常這樣說──

我家孩子很聰明，就是有些粗心……；

第六章 樂學習慣：幫助孩子愛上學習

我家孩子上課時都能聽懂，可做作業時，總是粗心……；

孩子考試沒考好，回到家告訴父母：「題目我都會，就是粗心了……」。

我家孩子聰明伶俐，就是粗心了點，大意了點，不是什麼大事兒……，這些話簡直就是「毒藥」，只能毀掉孩子。因為這些話的安慰，一路馬虎下去，最後毀掉的孩子，更是不計其數。

小剛今年上小學五年級，活潑聰明，思維敏捷，父母也對孩子寄予厚望，可是不知道怎麼回事，每次考試成績都不理想，都是因為馬虎出錯，本來會做的題目，可以得滿分的，結果總是要扣幾分。

媽媽每天都要幫他檢查作業，而且還總能查出錯誤來。一道題目，在家裡會做，在學校就不會了；平時會做的，考試就錯；難題會做，簡單題做錯。同一張試卷裡同一個題目，前面計算結果寫「85」，後面答案寫「58」。

在學校寫作業時，坐不到半個小時，便東張西望坐不住了。一會兒跟其他人說說話，一會兒找藉口去洗手間，出去逛一圈。在家裡，他更是匆匆忙忙地寫完作業，不管對錯，將筆一扔，便跑去看電視或出去玩。

滿桌的課本、練習本、鉛筆、橡皮等文具用品往往由媽媽來收拾整理，作業也是媽媽從頭檢查到尾，發現錯誤再叫他改正。而改錯時，他常常一臉的不耐煩，直嚷：「怎麼改？」若是說他寫得不認真，讓他重寫，則哭鬧不止。

> 中篇　正向互動，培養孩子核心能力

　　媽媽說不過他，心想只要正確就行，書寫的好壞就不計較了。可是，孩子這個樣子，該怎麼教育？

　　態度決定一切，習慣成就未來！父母覺得孩子還小，只知道為他們提供幫助，沒有讓孩子成為學習的主人，孩子也不知道學習是自己分內的事，慢慢地，就會養成敷衍了事的習慣。叛逆期的孩子，更是如此。

　　孩子們認為，自己每天只要完成作業就行，至於檢查作業、整理書包等都由媽媽負責……，時間長了，孩子就會缺乏責任意識和動手能力。孩子對學習越來越不上心，父母就會感到越來越無力。

　　孩子寫作業拖拖拉拉，不檢查，做題目時喜歡跳步驟，這樣不僅容易出錯，按步驟解題就能得分時，孩子還容易吃虧……，只要在平時的學習中孩子沒養成好的學習習慣，孩子們就會出現上述情況。而想要糾正孩子粗心馬虎的不良習慣，父母就要認真觀察孩子平時學習或生活中的表現，找出導致孩子粗心的原因，然後針對具體原因，採取有效的措施。

一、粗心的表現

　　孩子學習和考試粗心，主要表現為以下幾種——

　　1.不專心聽講，作業漏洞百出。之所以會出現這種情況，多數都跟孩子的注意力、行為習慣和性格特點有關。比如，上課不認真聽講，以為自己都會，寫作業時就漏洞百出；孩子只知道

第六章　樂學習慣：幫助孩子愛上學習

玩，寫作業不認真，想立刻將作業寫完，好騰出時間玩。

2. 一考試就容易粗心大意。有的孩子平時學習不粗心，一到考試就容易粗心大意，原因在於孩子考試時感到緊張。只要看到會做的題目，就立刻做，不管對錯，先填個答案；遇到稍難一點的題目，就著急，更容易出錯。

二、讓孩子端正態度

哪些情形說明孩子態度不端正呢？父母仔細觀察孩子幾天，如果他作業的錯誤率比較高，且經常出現那種把「3」看成「8」、把「太」寫成「大」的情況；或者匆匆忙忙把作業糊弄完就去玩，不是看錯題目，就是算出答案忘了寫結果……，以上情形就可以斷定孩子學習態度不端正。孩子學習態度不端正，對學習沒有責任心，不知道為什麼學習，在沒有父母監督的情況下，只想糊弄完。

如何糾正孩子的學習態度？學習態度不端正的孩子最明顯的特徵是，努力學習時，成績還不錯；一旦不用功，成績就會下滑。這類孩子改變起來比較容易，只要喚醒他們的責任心，讓他們明白學習是為了自己，不好好學習就不會有好前途即可。孩子明白了這個道理，再幫助孩子養成認真學習的習慣。

三、善待容易粗心大意的孩子

如果孩子已經意識到粗心大意是一種壞習慣且難以改正，不要對他們流露出厭煩等情緒，要告訴他們：「粗心並不可怕，

只要努力改正,做事就能慢慢變得認真起來」。為了讓孩子改掉粗心大意的壞習慣,可以試試以下幾個小方法。

1. 心理暗示法。每天做題前,讓孩子在心裡默唸一遍:「粗心,我一定要戰勝你。請你永遠遠離我。」每天進行類似的正面自我暗示,孩子就能產生正面的行為;不斷地做出正面的行為,就會養成正面做事的好習慣。

2. 厭惡療法。在寫作業時,可以讓孩子在手腕上套一根橡皮筋,粗心大意一次,自己就彈一次橡皮筋,讓疼痛的感覺警告自己一定要仔細。

3. 面對「粗心點」。所謂的「粗心點」就是孩子只在某一科目上粗心大意。面對這種情況,要先引導孩子找到「粗心點」,之後再做這個科目的題時,先讓思維停頓三秒,然後再動筆。

4. 熟能生巧法。如果做錯某些題目是因為孩子粗心大意,可以讓孩子重做一遍,熟悉題目後,就不容易出錯了。

我要對你說

對於小學低年級的學生,學習上粗心的原因大多是生理和心理發育不健全,父母不用太著急。父母當下最應該做的是培養孩子做事嚴謹的態度和意識。有了這種態度和意識,即使他們現在由於能力所限還做不到盡善盡美,但隨著年齡的成長,是可以成長為一個做事認真嚴謹的孩子的。

第六章 樂學習慣：幫助孩子愛上學習

面對逃課問題，找出背後原因

每一次上課鈴聲響起，若是班導師、主任或嚴格的老師上課，下面的學生就會安安靜靜地坐著。即使是學習成績差、調皮的孩子，也會坐在座位上艱難地熬著。可是，如果遇到脾氣比較溫和、看上去比較柔弱或剛畢業的老師，部分孩子就開始看人做事了，尤其是叛逆期的孩子。

無事可做時，他們會勉強給老師個面子，待在教室裡睡睡覺；心血來潮時，直接曠課。在很多叛逆孩子的眼中，不敢逃課的同學都是懦夫，對乖乖學習或想逃課卻不敢付諸行動的同學，甚至還會瞧不起。他們覺得自己這種逃課的行為特別帥。

一、孩子逃課的原因

對於叛逆期的孩子來說，只要逃課，免不了要被老師責備一頓，有時甚至還得請父母來學校。很多父母也傷透了腦筋，罵也罵了，打也打了，可孩子依然要逃課。怎麼辦？想要解決這個問題，父母首先要了解叛逆期孩子逃課的原因。

1. 學習成績差，為了逃避學業的壓力，逃避老師的責備和父母的責怪。有些叛逆期的孩子之所以總是逃課，就是因為他們學習成績差，產生了厭學情緒。在課堂上，他們聽不懂老師講的知識，會做別的事情，小聲說話，擾亂課堂紀律，總是被老師責罵。課上講的內容一點都不會，與其坐在這裡苦等，倒

不如到街上閒逛來得自在。

2. 被同學欺負，不敢告訴師長，只能逃課。有些叛逆期的孩子膽小怕事，為了避免被別人欺負，或者被勒索，就會逃課。這種情況在國中很常見，尤其是在一些普通國中。這樣的孩子因為年少不經事，自己被欺負時，擔心被惡勢力打擊報復而不敢告訴老師和父母，最後為了躲避不良社會青年的糾纏，只好逃課。

3. 父母給孩子的壓力大，孩子無力應付，只能逃課。很多父母都「望子成龍」，對孩子提出極高的要求，孩子每天不僅要應付學校的功課，還要應對父母的期望，要做很多課外作業。孩子的日程表被排得滿滿的，週六上午還要上補習班，下午要上鋼琴課；週日上午上數學補習課，下午還要學畫畫。孩子承受不了壓力，只能逃課。

4. 受到社會不良風氣的影響，沉迷於網路遊戲而逃課。社會風氣的好壞，不僅影響著整個國家的興衰，也會影響青少年的成長。尤其是叛逆期的孩子正處於一個變化非常大的階段，很容易受到外界的影響。資訊社會，很多孩子都有手機，甚至比父母都玩得都好，很多資訊都可以從網上獲得。此外，電影、電視、電臺等平臺上也充斥著一些不良資訊，而叛逆期的孩子分辨能力較差，很容易受到外界的誘惑而誤入歧途。為了玩網路遊戲，孩子就會逃課。

第六章　樂學習慣：幫助孩子愛上學習

二、激發孩子的學習動機

學習，既不是父母的事情，也不是老師的事情，而是學生自己的事。父母可以好好跟孩子談談心、說說理想，幫他們樹立正確的人生觀、價值觀，然後引導他們逐漸轉變自己的學習動機，從「要我學」變成「我要學」。

1. 純粹的興趣。純粹的興趣，是最好的動機。興趣不受任何外界因素的影響，能讓叛逆期孩子的注意力集中在某個學科上。如果想判斷孩子在某個領域有沒有天賦，興趣是第一標準。那麼，如何培養孩子的興趣呢？首先，孩子的興趣跟遺傳因素有一定的關係。其次，對孩子進行良好的環境啟蒙，讓孩子從小就熟悉與該興趣相關的思維方法，並發展為特長。

2. 習慣性優秀。叛逆期的孩子可能對某個學科沒有什麼興趣，但是很難接受自己考不好。換個說法，就是有點偶像包袱。「習慣性優秀」這個動機，跟遺傳因素關係不大，更多是後天環境的影響。既然是「習慣性優秀」，就要讓孩子長時間處於優秀的狀態。因此，孩子在剛入學時，就會在各方面表現都比較突出，盼望得到老師的青睞，得到同學的認可。這些孩子一般都會在學校裡擔任一定的職務，並且是班級裡老師經常提到的正面人物。比如：

「你們看xxx聽課多認真。」

「你們看xxx這次又考得這麼好。」

…………

　　長時間處於這種心理狀態下，孩子就會讓優秀成為習慣。一旦成績有略微的下降，就會感到強烈的危機感，繼而更加主動地學習。其實，多數優等生都是因為這個原因才主動學習的。

　　還有一個原因就是，孩子進入到新環境，比如轉學、升學等，在新的老師、新的同學中，優等生的身分就會消失，孩子就會比較焦慮，也會非常努力。一旦重新奪回優等生身分，這種良性循環就會得以延續。如果周圍同學都很強，再怎麼努力也趕不上，叛逆期的孩子就會產生極強的挫敗感，甚至會喪失學習的動力。

三、給孩子更多的關注和關愛

　　孩子經常逃課的一個原因，可能是缺少關注和關愛。父母平時忙於工作，無暇顧及孩子，對孩子關注得少，孩子覺得父母不關心自己、不愛自己，就會產生深深的被拋棄感。這時候，有些孩子就會覺得自己是多餘的，是不被人關心的，就會破罐破摔，喜歡逃課。因此，為了讓孩子減少逃課的行為，就要給他們足夠的關愛，多肯定孩子，發現孩子的長處。一旦孩子對自己有了信心，就能提高對學習的興趣，端正學習態度。

　　1. 認真傾聽孩子的心聲，平等地與孩子交流。隨著年齡的成長、知識的增加，孩子對事物也有了自己的見解，雖然他們的認知在大人看來可能比較幼稚、膚淺，但父母也要耐心傾聽，並

採取恰當的方法與他們交流。

2. 不要採取過於偏激的教育方式。每個叛逆期的孩子都會犯錯，父母應耐心聽取孩子的意見，幫助孩子分析犯錯的原因，不能胡亂責怪，更不能打罵孩子，否則孩子就容易產生反抗心理，甚至走向極端。

3. 關注孩子的心理感受。孩子考試成績不理想，多數都會感到傷心難過，父母應該關注孩子的心理感受，不要挖苦和諷刺，應該跟孩子一起分析失利的原因。

我要對你說

叛逆期的孩子天真爛漫、精力充沛，父母應鼓勵孩子積極參加一些有意義的活動。要引導孩子接觸社會、接觸大自然，給他們發揮自己特長的機會，讓他們緊張的神經得以放鬆，變厭學為樂學。在這個過程中，還要引導孩子形成正確的人生觀和學習態度，樹立奮鬥目標。

教導正確學習方法，改善偏科現象

在學生時代，很多孩子都偏科，無論怎樣學都不行，最後只能放棄。國中偏科還好，如果是高中，就比較麻煩了。

今年剛上國一的芝芝，這幾天正在為「參差不齊」的學習成

> 中篇　正向互動，培養孩子核心能力

績而煩惱。在期中考試中，她的語文、數學、英語等學科的成績都位列全班前 10 名，但物理卻只考了 30 分，名列全班倒數第二。她感到很傷心、很無奈。父母以前還總誇她聰明，可現在他們卻總責備她：「妳怎麼這麼笨啊！」這段時間，她瘦了一圈，經常無精打采，夜裡還常常驚醒。

兒子期末考試數學 100 分，語文 95 分，英語才考了 70 分，全校 700 多人，如果不算英語成績，他在學校排在前 10 名；可算上英語成績，他卻排到了 200 多名。

媽媽感到問題很嚴重，不想因為這一科影響了兒子的情緒，可是一時也想不出有效的辦法。兒子平時喜歡數學，可以自覺地做很多題，可是讓他看英語他就不愛看。

「偏科」是很多父母和孩子心中無法言說的痛，調查顯示，小學階段有 20% 的小學生存在偏科現象；國高中階段偏科現象加重，比例達到 70%。

偏科就像是學業上的「流行病」，會讓孩子的成績大受影響。那麼，究竟哪些原因會讓孩子偏科呢？比如孩子的興趣、老師的教學風格、家庭因素等。不重視偏科問題，會對孩子造成負面影響。

很多父母都聽過「語文學不好，以後數理化都讀不懂題」這句話，不要覺得這句話誇大其詞，如果孩子的理解能力跟不上，題目確實無法做對。無論學習哪門學科，首先都要理解它的意思，有時候看似是一字之差，其實差別巨大。特別是數學的應

第六章 樂學習慣：幫助孩子愛上學習

用題，更是如此。如果語文學不好，數學也很難學好。

要想糾正孩子的偏科，首先要引導孩子學會正確歸因。把偏科原因歸為外部的不可控因素，孩子就不會提高對學習的期待，少了改變偏科的動力。只有將偏科歸因於內部的可控因素，孩子才能產生改變偏科的願望。父母要與孩子一起分析偏科的危害和原因，然後採用針對性策略幫助孩子改善偏科問題。

一、幫助孩子認清偏科的危害

要讓叛逆期的孩子懂得，小學和中學階段特別是國中，屬於基礎教育，只有學好各門功課，才能適應升學和就業的需求。單純從考試的角度來講，各科都必須均衡發展。若其中有一門學科特別厲害，對提高總分更有利；但若有一門偏科，就會導致總分大幅度降低。

從就業的角度看，偏科不能適應工作和社會發展的需求。不管做什麼工作，都需要多方面的知識，特別是在科學技術突飛猛進的今天，沒有豐富的科學知識，就不能適應工作的需求。父母要讓叛逆期的孩子懂得，各門課程的學習，在培養能力和發展智力的過程中，擔負著不同的任務，不能互相代替；缺少了任何一門課程的學習，都不可能形成完整的知識結構，會影響未來的協調發展。

二、消除孩子對老師的個人看法

孩子如果不喜歡某位老師，抗拒上他的課，也會對此學科漸漸失去興趣。

父母極力勸說孩子不要這樣，要努力學習，要尊敬老師，但效果總是不盡如人意。如果父母站在老師的立場去教育孩子，還可能讓孩子產生更強烈的反感。

當孩子對老師或學習有抗拒情緒時，父母不要否定孩子，應嘗試從孩子的角度去理解他，去感受孩子的內心，引導他表達自己，幫助孩子釋放情緒。只有孩子感到自己被理解、被關心，情緒平復下來，才會換個角度去思考，才可能接受父母的引導。

叛逆期的孩子單純、直接，喜歡就是喜歡，不喜歡也不會偽裝。對於因為老師的原因引起的偏科，父母要引起重視，跟孩子好好談談。告訴孩子：「學習不是替老師學的，更不能因為不喜歡某個老師，就不喜歡他所教授的課」。因為個人情緒而厭惡某一學科，甚至放棄學習，是非常愚蠢和不理智的行為；同時，要讓孩子積極和老師溝通，說出自己的想法，接受老師的糾正和幫助。

三、讓孩子知道，學習是他自己的事情

在學生時代，遇到不喜歡的老師是不可避免的，孩子出現排斥、討厭等情緒能理解，但學習是自己的事，父母要告訴孩子：「你可以選擇讓成績糟糕下去，也可以選擇繼續努力學習」。

第六章　樂學習慣：幫助孩子愛上學習

對於小學的孩子，父母可以透過講故事或自身經歷等，引導孩子找到解決之法。比如，告訴孩子，我小時候也遇到過這樣的老師，有些同學由於討厭老師而成績下降，而我努力學習，讓自己的成績變得優秀，老師就沒有機會懲罰了。後來，能夠考上大學，幸虧當時能夠意識到學業是自己的事情，是為自己學習。

對於國中或國中以上的孩子，父母可以和孩子討論可以透過哪些努力讓自己重新喜歡上某個學科，有什麼方法可以改變目前的狀態，讓孩子為自己的學習負責，不能消極地任由情緒來影響學習。

如果孩子偏科嚴重，父母不妨在與孩子商量後，花點錢替孩子請一個孩子喜歡的家教或補習老師把落後的功課補上，以免孩子對某科產生畏難情緒。

我要對你說

要想解決孩子的偏科問題，不能求快，腳踏實地最重要。最簡單的學習方法就是每天做一些這一學科的簡單題目，掌握解題脈絡後再稍微加深一點難度，逐漸加深難度，週末和節假日也一定要堅持，直到孩子的成績提高上來。從簡單的題開始，孩子一般很容易接受，做會這些簡單的題目後，孩子會有一些滿足感、成就感，慢慢地，他們會做的題目越來越多，也會對這一學科更有興趣。

中篇　正向互動，培養孩子核心能力

第七章
積極社交：指導孩子健康人際互動

冷靜處理孩子的衝突與打架

孩子在學校和同學一起玩時產生矛盾與衝突，是再正常不過的事情。但每個孩子對待問題的態度都不一樣，有的會回家告訴父母，有的會直接和老師說。

孩子間的衝突、糾紛有利於培養孩子的自我意識。正確對待同學之間的衝突，不僅有助於孩子形成良好的人際關係，培養孩子健全的人格，還有助於提高孩子處理問題、適應未來生活的能力。這也是孩子人生實踐的一個重要組成部分。

前幾天，杜女士被孩子的班導師叫到了學校，原因是她兒子與同學在學校裡打架，結果一個腦袋上被打起個包，一個被踢到了肚子。

了解情況之後，杜女士和孩子同學的母親立刻帶著孩子先趕往醫院，替孩子們檢查一下身體是否有問題，很順利地做完了檢查，幸好沒有什麼大礙。

回到學校後，杜女士又被老師叫到辦公室，老師的意思是

中篇　正向互動，培養孩子核心能力

看他們兩家父母想怎麼解決這件事情，因為這兩個孩子打打鬧鬧已經不是一次兩次了，老師也管過很多次，但是沒有效果。老師這次有點生氣，建議替孩子轉學，或者父母私底下跟孩子商量一下，以後怎麼不再發生類似的事情。

杜女士與孩子同學的母親一起來到辦公室外面，商量怎麼解決。兩家父母都比較理智，並沒有互相埋怨和推卸責任，而是先讓兩個孩子互相道歉，握握手，然後讓兩個孩子互相商量著該怎麼辦，並把老師的意見轉達給了兩個孩子。

結果，兩個孩子站在了同一條戰線上，都不願意轉學和分開。兩人在一起勾肩搭背地商量了一會兒，向他們保證以後再也不上課搗亂，不打架了，以後一定會成為好朋友，互相幫助，互相學習。

大人一看這樣挺好，於是沒再說什麼，帶著孩子又回到了辦公室。兩個孩子向老師道歉認錯，保證再也不打架，不搗亂了，又再一次向父母保證。事情就這樣圓滿解決了。

其實，孩子在學校和同學打打鬧鬧，發生一些摩擦和爭執很正常。因為孩子們的性格就是如此，父母小時候不也是這樣度過的嗎？而且很多同學之間的友誼也是透過這樣的方式建立起來的。

孩子在成長的過程中與同伴發生衝突，在所難免。有時，孩子回家會說：「我在學校，有人欺負我，還打我，我非常生氣。」或者說：「今天某某對我做什麼了，他怎麼樣怎麼樣……。」又

> 第七章　積極社交：指導孩子健康人際互動

或者是：「我今天很不開心，怎樣怎樣⋯⋯。」

孩子在叛逆期出現打架行為，影響很大。不僅被打的一方要承受身心的傷害，影響學習，打架這件事本身也會對班級和學校造成惡劣的影響。這件事情首先要看學校的態度如何，看雙方父母協商的結果如何。無論被打的學生受傷的程度如何，打人一方的父母都應該第一時間帶孩子向受害者誠懇道歉，並積極協商後續賠償事宜。盡可能將對受害者的傷害降到最低。

一、弄清事情的經過

聽到孩子說被同學欺負了，不夠冷靜的父母可能會說以後他打你，你就打回去，不能吃虧。但是深入思考一下，教孩子用暴力解決問題，是不利於培養孩子解決問題的實際能力的。不同事情的性質不一樣，父母要搞清楚，孩子是經常被欺負，還是偶爾發生點衝突？是什麼性質的衝突？不要立刻就替孩子出主意。

有的父母會立刻告訴老師，希望老師聯繫對方父母給個說法等。如果在這件事情發生時，把孩子氣壞了，人格被侮辱，情節比較嚴重，就要將問題處理在萌芽狀態，不能讓事態擴大。但是更多時候，同學之間的衝突都不嚴重，叛逆期的孩子雖然是非觀不強，但也沒有大惡的心。

孩子既然想跟你說，就是想跟你傾訴一下，說說這件事情，把事情的起因、經過、結果和委屈等說一說，說完後心裡就舒服了，舒坦了以後也未必會去找這個同學。

> 中篇　正向互動，培養孩子核心能力

父母要理解孩子，先讓孩子把事情說清楚。情節比較嚴重的，該怎麼處理就怎麼處理，不能遷就。如果孩子不善於表達，父母可以模仿當時的情景，引導孩子把事情說清楚。如果還是說不清楚，可以及時聯繫班導師，更好地幫助孩子。

二、分析緣由

弄清楚事情的真相後，簡單粗暴地給出意見，灌輸「不能吃虧」的思想，會讓孩子變得目中無人，受不了一點委屈；放著不管，則會讓孩子變得膽小懦弱；責怪孩子，例如：「哎呀，你老是惹事，處理不好與同學之間的關係」，只能傷害孩子，以後孩子可能就不會跟你說他的心事了，即使心裡有委屈，也不會跟你求助了。

父母要認真傾聽，讓孩子把委屈發洩出來，把事情說清楚，要給孩子表達的機會，讓他們感覺你是支持他的、理解他的，然後再做出引導，一起將問題解決掉。父母應該成為孩子堅強的後盾。

孩子和同學或他人發生小摩擦、小衝突，父母不能籠統地一概而論，要分析問題，有針對性地解決。給孩子建議時，注意幾句話：「無論發生什麼情況，我都理解你、支持你，但不會偏袒你。」、「與同學相處，先動手是不對的，應該有更好的處理方法。」、「你以後還想和他交朋友嗎？媽媽相信你能處理好。」賦予孩子自主權，就能培養孩子解決問題的能力。

第七章　積極社交：指導孩子健康人際互動

三、鼓勵孩子正常交往

在學校生活中，會與各式各樣的孩子相處，為了讓孩子不斷進步，有的父母經常會說這樣的話：「你不要跟某某一起玩，別影響你的課業。」父母最好不要這樣說，否則容易讓孩子戴上有色眼鏡。有的孩子可能不是大樹，但可能是鮮花，孩子的成長花期不同，父母要耐心靜待花開。

某個同學雖然學習不好，但很多同學依然願意跟他交朋友，說明他身上一定有吸引人的優點，不是一無是處，如果他什麼都不好，你的孩子還跟他交朋友，說明你的孩子可能也有這方面的問題。跟有共同點的人做朋友，才能引起共鳴，相處起來也會比較舒服。

我要對你說

很多父母看到孩子打人或者被打之後，第一反應就是：「你怎麼打人呢？你是壞孩子。」、「為什麼只打你不打別人？一定是你不乖。」時間長了，孩子只會覺得自己不受尊重、不被信任，最後變成父母眼中「最不聽話」的那一類孩子。很多時候，孩子打架純屬嬉戲，不考慮後果，如果沒有人告訴他們對錯，就會樂此不疲。父母必須告訴孩子惡意打人是不對的，必要時還可以「溫柔反擊」，讓孩子明白，任何時候都要為自己的行為負責。

中篇　正向互動，培養孩子核心能力

幫助孩子調整對老師的認知

當孩子滿懷委屈地對你說，他不喜歡某位老師，並希望轉學時，你會怎樣回答呢？是火上澆油地斥責老師，還是苦口婆心地規勸孩子？抑或一氣之下答應孩子為其轉班或轉學？

有一位學生寫信求助：

「我以前的英語老師很好也很喜歡我，我忘不了他。因為他我喜歡上英語，但是一換新的老師，我的英語成績一落千丈，從以前的90多分到現在的60多分。我真的不知道怎麼辦，我就是不喜歡現在的老師，好希望還是以前的老師教我啊。」

從小學到大學，換老師是很正常的事情。一般每學年就會有變動，但有的學校也可能因為教師臨時有突發情況而在學期中間更換老師。雖然父母和學生都多少有些怨言，但培養孩子的適應能力也很重要。

我們一起看看這位母親是怎麼做的

女兒剛上國中二年級時，對剛換的數學老師特別不適應，回家總對我抱怨：「現在的數學老師遠不如原來的老師講得好。」。

我仔細地了解了一下孩子新來的數學老師，教學成績非常好。我還在網路上查到了新數學老師的一些榮譽教學事蹟。

吃飯時，我當著女兒的面，故意和老公說起數學老師獲得的各種榮譽，培養了無數優秀的學生，講課也非常出色。飯後

第七章　積極社交：指導孩子健康人際互動

還跟女兒一起看了網路上老師的成果。

女兒沒說什麼，但從表情上已經感覺到孩子比較崇拜這位新的數學老師了。此後，從女兒嘴裡再也聽不到對新數學老師反感的話了，相反，女兒說的都是新數學老師多麼多麼好，因為她已經適應了新數學老師的授課方式。

感情是需要培養的。孩子新換了老師因不適應而不喜歡時，父母要努力挖掘老師的優點，可以到學校做一些觀察、調查，盡可能地多了解老師，然後把老師的這些長處告訴孩子，沖淡孩子對老師的不良印象。其次，還可以設法取得老師的幫助。

孩子的可塑性很強，如果能設法讓新來的老師給予孩子一些「偏愛」，比如，批改作業詳細一些，作業後面多一些評語，多給孩子一些表揚、鼓勵或個別輔導等，孩子很快就能改變對新老師的看法。

老師對孩子的影響是巨大的，甚至是終生的。如果孩子喜歡他的老師，就會對這位老師所教的學科產生濃厚的興趣，學起來也就得心應手，如有神助，充滿了信心和歡樂。反之，如果孩子討厭他的老師，就會對這位老師所教的學科有所排斥，表現為上課時精力不集中、做作業時草草了事、有不懂的問題時也從來不問老師。

抱著隨便應付或被動的心態是很難取得好成績的，長此以往，孩子就會陷入一個可怕的惡性循環中——成績越差就越不想學；越不想學，成績就越差。如果父母不明白這個道理，他

| 中篇　正向互動，培養孩子核心能力

們聽到孩子說不喜歡自己的老師時，就會火冒三丈，覺得孩子受到了不公正待遇。

叛逆期的孩子還小，將來還會遇到各式各樣的老師，透過對這種情況的處理，可以讓孩子學會如何跟別人相處。

一、了解「不喜歡」的原因

針對孩子提出的問題，父母可以問：「當老師嚴厲時，你的感覺是怎樣的呢？你的心情是怎麼樣的呢？」孩子可能會告訴你：「我覺得老師嚴厲讓我感覺很不舒服。」這時父母可以說：「換成我，我也會不舒服。」透過同理心和孩子建立良好的溝通關係，成為孩子心目中真正的朋友，然後再討論問題時就容易得多了。

父母要和孩子深入分析不喜歡老師的原因，有的放矢，幫助孩子產生對老師的認同感。同時，要讓孩子明白，我們是來聽老師講課的，學習是為了自己，只要老師的課講得還不錯，就不能「恨屋及烏」，連老師的課也不喜歡。

有這樣一段談話——

孩子：我討厭劉老師。

媽媽：看起來你很生氣。

孩子：是的，他在班上說我是垃圾，說我根本考不上高中。

媽媽：你對他說的這些話感到很氣憤，覺得他說得不對？（強調是對老師說的話感到氣憤，而不是對老師這個人）

第七章 積極社交：指導孩子健康人際互動

孩子：是的，我在好好學了，雖然我分數不高，但是老師也不能這樣說啊，他就是瞧不起我，針對我。

媽媽：你覺得是因為你分數不高，所以老師在針對你？

孩子：也不能這樣說，最主要是這次我上課說話被他抓到了。

媽媽：老師責備你，是因為你說話了？

孩子：是的。

孩子有些時候在敘述時，很容易非黑即白，當父母接納孩子的情緒，然後引導孩子說話，孩子很容易看到自己的問題所在，這個時候再跟孩子討論如何面對老師會更好一些。當孩子情緒不好時，是無法跳出自己的思維看到其自身問題的。

二、鼓勵孩子尊師重教

首先，家長要教會孩子尊敬老師。家長要告訴孩子，老師是人不是神，和我們一樣難免有缺點、犯錯誤。老師每天要面對很多同學和問題，可能會處理不當，也可能會誤解某個同學，或者語氣太嚴厲，傷了學生的自尊。如果你心裡感到委屈，可以及時和老師交流，說出你的想法，但前提是你要尊重老師。

其次，家長要叮囑孩子在老師的生日或節日，給老師送上祝福，特別是每年的教師節。可以是一句「老師辛苦了」，也可以是一段話；可以用面對面交流的方式，也可以打電話，或者發簡訊、通訊軟體，甚至是發郵件。形式不重要，重要的是心意。

最後,家長要多體諒老師工作的艱辛。不要在背地裡說老師的壞話,即使孩子受到老師責備,家長覺得生氣,也不要議論老師的好壞。

三、讓孩子接受老師的不完美

每位孩子心目中都有一個完美的老師形象,同樣每個家長心目中也有一個理想的老師形象。而老師面對幾十個孩子和家長,沒有七十二變的本領,也分身乏術。老師在孩子的心中不是那麼的完美,需要孩子有一顆平常心,接受老師的不完美。

教師並不是神,而是一個活生生的人。他們雖然有著些許的缺點,學生多一點包容,更能激發出老師的熱情。遇到嚴厲的老師,要讓孩子心存感恩,多一點寬容。要告訴孩子,好的老師不光會表揚你,也會嚴格要求你。

我要對你說

哪怕是對老師的有些做法不理解,父母也不應該當著孩子的面對老師橫加指責,或是簡單否定老師的教育理念和管理方式。一旦老師在學生心中沒了地位,老師的教育就會在孩子身上「失靈」,受損害的還是學生。

第七章　積極社交：指導孩子健康人際互動

教導孩子尊重他人談話

相信很多父母對這樣的情形都不陌生，兩個大人在討論事情，孩子總在一旁插話，大人的談話屢屢被孩子打斷……。這時，你難免會尷尬、火冒三丈。孩子這種沒禮貌的行為確實讓人感到煩惱，不過只要了解了他們的內心世界，你就會明白，孩子並不是故意想要打斷你，這是由他們的叛逆期特徵引起的。

週末，王女士帶兒子一凡來同學家做客。小男孩很喜歡同學家的嘟嘟哥哥，兩個小朋友開始時也玩得很開心。

王女士跟閨蜜也樂得輕鬆，一邊喝著咖啡一邊聊著家常。說了沒一會兒，一凡就湊了過來，時不時地插幾句話打斷她們。開始時王女士還回應他幾句，到了後來場面就有點尷尬了，在一次次的打斷下，她們的談話根本就無法進行。無奈之下，王女士只能徵得嘟嘟的同意，拿出了他的新樂高玩具，一凡的注意力才被成功轉移。

「你家嘟嘟怎麼這麼好啊，從來不過來插話。」看著在一邊陪一凡玩的嘟嘟，王女士一臉羨慕。

「他之前也是喜歡插嘴的，慢慢來。」然後，就講起了嘟嘟的成長經歷。

嘟嘟大概五歲時，好像突然解鎖了語言技能，之前一直沉默寡言的他突然變得話非常多。當大人交談時，他是一定要過來插幾句話的。

> 中篇　正向互動，培養孩子核心能力

剛開始時，我們還挺開心，覺得這個不愛講話的小子終於開始懂得如何表達了。可是時間一長煩惱就來了，他會不分時間、地點、場合地打斷別人的談話。當然，我們也尷尬得要死，也有過幾次當面制止他的情況，結果收效甚微。想想也是，一個沉默了許久的孩子，突然發現說話是一件有意思的事情，怎麼可能停下來。

當談話再次被打斷時，我就溫和地提醒他：「親愛的，你說的話媽媽都非常喜歡聽，但是現在媽媽跟別人的談話還沒有結束，你把我們打斷了，這樣我們就會很難過。」

傾聽是一種很好的能力。當孩子迫不及待地想要把自己得到的資訊跟父母分享時，父母要做的不是打斷他們，而是善意地提醒他們，把他們的話聽完，然後再發表自己的意見。

要知道，一個懂得聆聽的人，往往會更受歡迎。總結起來，孩子喜歡插嘴的原因主要有這樣幾個──

求表揚。有時孩子原本自己在玩，父母剛好抽空談點事，談著談著，孩子可能突然跑過來說：「你看你看，我的拼圖。」其實，這都是孩子想要求表揚的表現，並非故意插話。

求關注。媽媽和幾個阿姨在聊天，孩子總是時不時地拽一下媽媽的衣服，然後沒頭沒腦地說一句：「媽媽你看，我喝了一大杯水。」如果孩子缺少玩伴或與玩伴不熟悉，而父母又在和別人熱聊，為了求得父母的關注，孩子就會故意打斷談話，求參與。

第七章　積極社交：指導孩子健康人際互動

孩子打斷大人的談話，無非就是孩子好奇心強或希望得到外界的關注，除了讓孩子閉嘴，父母其實可以按照以下的方式去解決這個問題。

一、正確引導孩子

對於孩子插嘴的行為，父母總是敷衍或者厲聲地訓斥，只會讓孩子心中產生陰影，孩子甚至會因此不敢表達自己的意見。作為父母，應當正確引導和教導孩子。父母要主動跟孩子溝通，讓孩子了解打斷別人的話不僅會讓對方感到不適，還可能會給別人帶來困擾，循序漸進之下，孩子自然會知道自己應該怎麼做。

當孩子對大人的談話內容提出疑問，或遇到困難求助時，千萬不要因一時惱火而當著別人的面訓斥孩子，否則就傷害了孩子的自尊心。可以跟孩子講明，談話結束後再解答；還可以再誇獎他一句：「你真愛動腦筋！」這樣孩子就會諒解。但事後一定要實現諾言，並教育孩子在別人談話時不要隨便打斷，告訴他這樣做是不禮貌的。

如果大人在閒聊時所談及的內容使孩子產生共鳴，孩子因想表達自己的意見打斷別人的談話，父母不妨給孩子一個表現的機會，先徵求與你交談的對方的意見，然後讓孩子參與進來。

不過，談完話後應委婉地指出孩子剛才隨便插話是不對的。這樣，孩子的「表現欲」得到了滿足，才會比較容易接受你的管教。

二、抓住時間,讓孩子受到教育

叛逆期的孩子自我意識最強烈,習慣以自己為中心去思考這個世界,非常渴望他人的關注以及獲得他人的認同。當大人沉浸在自己的談話中時,很有可能會忽略孩子。而在孩子的眼中,自己根本就不是這個環境中的焦點,所以為了引起他人的注意,就會插嘴。

在其他人沒有把話說完的情況下,孩子就急著發言打斷,這個行為本身就是衝動的表現。如果父母不及時制止,孩子的這種衝動本能就會固化,對於他以後的成長產生重大影響。而沒聽完別人正在說的話就發言,也是缺乏耐心的表現。

父母要利用一切可以用來對孩子進行教育的機會,對孩子加以啟發和誘導,特別要注意運用發生在孩子身邊的事情來教育孩子,使孩子受到啟迪和教育。例如,帶孩子出去玩,看到別的孩子在其父母和別人講話時不停地插嘴而受到責備,就可以問自己的孩子:「剛才那個孩子做得對不對?為什麼?你喜歡他嗎?」讓孩子從中受到教育。

三、鼓勵孩子平時多表達

孩子想要表達自己的想法,這是他們思維逐漸成熟,獨立意識開始覺醒的象徵,是叛逆期的孩子在成長過程中的一個重要節點。所以當孩子有較為旺盛的表達欲望時,父母不要阻止,而是要給予一定的鼓勵。

> 第七章　積極社交：指導孩子健康人際互動

當然，隨意打斷大人談話是一種不禮貌的行為，父母一定要約束孩子的這種行為，但也要給孩子表達的機會。比如，在談話中，看到孩子有自己的想法，可以在別人不說話時，將話題引到孩子身上，讓他們有表達的機會。這樣他們就不會隨意打斷別人說話了。

其實，很多孩子愛插嘴，也是因為在日常生活中與父母沒有進行有效的溝通，孩子不知道如何正確表達自己的想法。

父母在日常生活中應該多與孩子溝通交流，鼓勵孩子正確表達自己的情緒。這樣，孩子就不會透過插嘴來表達自己的想法了。

我要對你說

以自我為中心是很多孩子都具有的心理特點，當父母的關注點不在孩子身上時，他們就會感到被忽視、被冷落，希望用插話或做某些動作的方式引起父母的關注。孩子由於感到被忽視而插話，父母千萬不要喝斥孩子。想要孩子不在大人說話時插話，首先要多關心孩子、關注孩子，讓孩子了解你時刻都在關注著他，不需要透過插話的方式來吸引父母的注意；其次，大人在談事情時，如果不想孩子插話，應該避免孩子在場，可以給孩子安排一些小任務，讓他在自己的房間內完成，這樣孩子就不會因無事可做而插話了。

中篇　正向互動，培養孩子核心能力

鼓勵合作，學會求同存異

人是「群居動物」，一個人的能力總是有限的。也許一個人可以憑藉自己的力量有所成就，但和他人互幫互助才能獲得更大的成功。因此，父母要從小培養孩子的合作精神。

卿卿很厲害，剛滿4歲就學會了自己穿衣吃飯，甚至還能幫媽媽做一些簡單的家務。媽媽感到很自豪，但也隱隱有些擔憂：「孩子是不是有些過於獨立？」

原來，卿卿在幼稚園時似乎缺少朋友，總是一個人玩，而原因正是卿卿什麼都能自己做：「我不想和寧寧一起拼積木。我一個人也能拼出城堡。」、「我自己會畫畫，不需要樂樂幫我塗色。」、「我會扣釦子，不用小明幫。」……

時間長了，其他孩子就不敢跟他接觸了。

孩子擁有獨立意識固然不錯，但如果孩子過於獨立以致無法認知到合作的重要性，很容易讓「獨立」的優點變為「孤立」的缺點。只有在團體中才能生存，叛逆期的孩子也是如此，擁有合作精神才能更容易融入團體，更好地面對困難。

當孩子進入學校時，學校不會設立這方面的課程，老師也不會進行相關的培養，因此，在團體生活中，如果孩子缺乏合作的意識和能力，不懂得協商、分工、配合和交流，不會處理問題，只能向老師和父母告狀，或者做出具有攻擊性的行為。

第七章 積極社交：指導孩子健康人際互動

即使遇到困難，也只會等待幫助，而不會主動尋求同伴的幫助，透過合作來解決問題，更不會主動去為他人提供幫助。

現代社會分工很細，任何人都不可能是全才，要成功地辦成一件事，往往離不開與他人的合作，有時候還要與幾十人甚至上百人合作。與人建立良好的合作關係，是個人最重要的特質，需要相互尊重和理解，需要對人真正的寬容，需要做到有錯認錯。

從小就善於與人相處的孩子，長大後就容易有團隊精神，有很強的合作能力；從小喜歡獨處的孩子，不知道如何與別人交流合作，更缺乏與人合作的能力。所以，要使自己的孩子優秀，就要培養孩子與人合作的能力。為此，父母應多給孩子創造與人合作的機會，讓孩子學會與人合作。

一、在家庭生活中培養

家庭生活中也能培養孩子的合作精神，比如，家人一起做飯、一起打掃環境、一起購物、一起修理壞了的家電、一起制定旅行計畫等。在家庭中，父母完全可以創造很多與孩子合作的機會。

女兒大概是從兩歲多開始，就跟劉女士在廚房幫忙了，最開始就是幫她挑菜。其實，女兒比較喜歡廚房裡的東西，劉女士就利用她的興趣來跟她一起合作做飯。

開始做飯之前，劉女士會先把今天要做什麼飯、有什麼流程說出來，然後就問老公和女兒，請問誰來煮白飯？老公就把

中篇　正向互動，培養孩子核心能力

手高高舉起，說：「我。」其實這也是劉女士和老公提前約定的。為了給女兒做示範，劉女士又問：「誰來挑菜？」女兒就會高高舉起手說：「我。」就這樣，女兒從挑菜開始跟劉女士一起做飯，後來還可以幫她放調料，到了5歲就開始幫忙洗菜了，7歲時女兒就開始嘗試自己做簡單的菜了。

還有平時打掃環境，劉女士也會把今天打掃的目標和重點說出來，然後一起合作完成。流程基本是，劉女士收拾整理東西，女兒拿著吸塵器吸灰塵，老公跟在女兒後面拖地，這樣很快就能完成一項工作，完成之後，大家會相互表示感謝。

每次去超市採購時，劉女士也會趁機尋求女兒的幫助。

劉女士會假裝拎不動，讓女兒幫忙拎，一開始她只是用手扶著袋子，並不能幫劉女士減輕重量，但是慢慢地，隨著她的成長，力氣也越來越大，就真的能幫著拿很多東西了。

每次幫劉女士拿東西時，她都像個小大人似的，問：「媽媽，我力氣大不大？」劉女士會說：「大，比上一次拎的東西多了，說明你的力氣又增加了，幸虧有你這個大力士，否則媽媽都拿不了這些東西。」

在家裡，老公也會跟孩子一起合作。比如，一起修腳踏車，讓孩子先觀察哪裡出了問題，然後一起想辦法解決，在修的過程中，還可以讓孩子選工具、遞工具等。

每次合作之後，別忘記給孩子一個大大的鼓勵，讓孩子體會到合作的成就和樂趣。

二、讓孩子學會悅納別人

所謂悅納別人，是指從內心深處真正地願意接受別人。從實質上來講，合作是雙方長處的相輔相成，也是雙方短處的短兵相接。有效合作的過程，彼此都能互相利用各自的優勢和資源，彌補各自的不足，獲得更大的好處。在這一過程中，對別人的接納和欣賞非常重要。因此，必須讓孩子了解到對方的長處，欣賞對方的長處，為合作奠定基礎。

父母可以透過故事並結合自己的言行讓孩子逐漸地明白每個人都各有所長、各有所短。比如，一本好書就是作者、畫家和設計師通力合作之後的結果。讓孩子明白，不要妒忌或輕視別人，也不要對自己失去信心，要善於互相利用彼此的長處，達到共同的目標，實現雙贏。

三、讓孩子感受合作的快樂

孩子在與同學的交流中，一旦感受到合作的快樂，就會產生繼續合作的願望，端正與人合作的態度。所以，父母應注意引導孩子感受合作的效果，體驗合作的快樂，激發孩子進一步合作的內在動機，使合作行為更加穩定、自覺化。

在生活中，父母可以幫孩子設定諸如此類的合作競賽，讓孩子們盡量透過合作去完成任務。如果孩子一時沒有完成任務，也不要責怪他，應該讓他明白，成功的合作不一定要達到期望的目標，但是，在合作過程中，參與者都盡力了。同時，只要每個

> 中篇　正向互動，培養孩子核心能力

參與者都感到非常愉悅，合作就是成功的。

例如，當孩子與人合作時，父母可以拿出事先準備好的相機拍攝下「友好的一幕」、「合作的成果」，尤其是引導孩子對這次合作的成功與上次的失敗進行比較；然後針對前後兩次孩子合作的不同結果，問問孩子：「上次為什麼失敗？這次怎麼成功的？」引導孩子在實踐中體會合作的快樂和必要性。

此外，父母還要對孩子合作後的結果給予恰當的肯定和激勵。對合作不好的孩子給予指正鼓勵，以免對合作夥伴產生不良情緒，從而打消繼續合作的正面性。

總之，成功的合作可以讓孩子獲得良好的體驗，這種體驗能夠帶給孩子無窮的快樂，進而培養孩子的合作意識，並使孩子有意識地主動與他人展開合作。

我要對你說

有些孩子性格較為內向，不敢與他人交流，父母要循序漸進地引導孩子接觸外界，不要過度逼迫孩子，更不可因此而責怪、打罵，甚至羞辱孩子。同時，團體活動分很多種，父母應給予孩子自主選擇參與的權利，而不是全權為孩子安排。孩子不喜歡某項團體活動，參與的興致會大大降低，難以造成教育孩子的作用，甚至會產生適得其反的效果。

下篇
父母從容，孩子心理更健康

下篇　父母從容，孩子心理更健康

第八章
強大內心：培養孩子的好心態

幫助孩子建立自信

　　兒童時期，孩子們通常都活得單純灑脫，不太在乎美醜，不太關注別人對自己的評價。但進入叛逆期後，隨著身體和心理的不斷發育和成熟，孩子開始意識到自己與別人之間的差距。如果覺得自己不如別人，孩子就會變得不自信。

　　鄰居家有個比較文靜的小女孩，長相一般，身材微微有點胖。上了高中以後，看到周圍的女同學都比較時尚，打扮得也很漂亮，慢慢地就開始關注自己的身材。

　　女孩覺得自己太胖，即使穿得再漂亮，也不好看。新學年第一節課時，老師讓同學們上臺做自我介紹。女孩往講臺走去的每一步，都覺得很艱難。她一直低著頭走路，覺得全班同學都在看自己，都在嘲諷她的醜陋：「同學看我的目光，一定像看稀有動物。」結果，站到講臺上，她的臉就紅了；還沒說話，就已經心跳加速⋯⋯。

　　案例中的女孩，身材微胖，她覺得自己不好看，站在講臺

> 下篇　父母從容，孩子心理更健康

上很難受，其實是對自己不自信。這種自卑心理，讓她覺得自己比不上別人，容易被同學嘲笑。其實，這種心理在叛逆期的孩子身上很普遍。

有個國二的女孩，特別喜歡穿新衣服，尤其喜歡看媽媽在朋友群組裡發的孩子臭美的照片。但最近媽媽開始苦惱起來了，自己替女兒買的顏色鮮亮、款式新穎的裙子，女兒連吊牌都沒剪，更沒穿過一次。

她問女兒為什麼不穿，女孩給的理由是：「我個子矮，皮膚很黑，臉還有點嬰兒肥，眼睛是單眼皮……。這個樣子，穿得再漂亮，也不搭。與其穿漂亮的衣服被同學嘲諷太醜，還不如天天穿校服，大家都一樣，誰也不嘲笑誰。」

教育家瑪麗亞・蒙特梭利（Maria Montessori）曾經說過：「一旦孩子內心有自卑感，孩子的生活就會充滿衝突。而隨之出現的膽怯、退縮等不良個性，則會與孩子形影不離。與之相反的是自信，自信使孩子能掌握或駕馭自己的行為。」在心理學上，自信是孩子對自身能力與價值的客觀認知，是一種健康向上的抗壓性，更是人格的重要組成部分。

自卑的孩子，會降低自我評價，瞧不起自己。這種孩子會對他人做出負面情緒防禦，比如嫉妒、猜疑、羞怯、孤僻、遷怒、自欺欺人、焦慮緊張、不安等。他們總是哀嘆事事不如意，喜歡拿自己的弱點跟別人的長處比，越比越氣餒。

更有甚者，只要當著別人的面，就面紅耳赤，說不出話來；

第八章　強大內心：培養孩子的好心態

跟同學說話，就口吃結巴；朋友欺負自己，就認為他們是討厭他⋯⋯。忽視了對孩子自卑情結的引導，孩子就會變得更加消沉，甚至走向極端。那麼，該如何培養孩子的自信心呢？

一、發現孩子的閃光點

每個人都有長處和短處，要想讓孩子自信，就要多發現孩子身上的閃光點，多關注孩子身上比別人家孩子優秀的一面，並給予認可與肯定。此外，還要引導孩子找平衡點，確立「天生我材必有用」的觀念；要讓孩子看到自己的優勢和長處，並繼續加強；與比自己強的人比較，看到自己的不足與短處，並鞭策自己進步。父母的一句肯定，可能就是孩子愈挫愈勇的動力。

有個心理學前輩講過這樣一個故事——

一個孩子聽課不認真，總是擾亂課堂秩序，不是調皮搗蛋，就是欺負同學。爸媽非常著急，找到這位前輩做諮詢。前輩了解情況後，讓家長每天回家做一件事，在孩子不在的時候，兩個人一起討論孩子的優點，時間為半小時；在這段時間裡，要盡可能地挖掘孩子身上的優點，比如，早上自己起床了，沒有讓爸媽叫；吃飯的時候，把飯吃得很乾淨。結果，沒多長時間，奇蹟就發生了，孩子的表現大大改觀，越來越朝著好的方向發展，學習成績也大大提高。

爸媽很欣喜，同時也很不解，到底是什麼讓孩子有了如此大的變化？前輩說，爸媽每天背著孩子討論半小時，雖然孩子聽不見，但是爸媽會越來越欣賞自己的孩子，看到孩子時會不

自覺地表現出欣賞的樣子。爸媽不斷地這樣練習，就會開始關注孩子的閃光點，不會盯著孩子的不足。

孩子覺得自己是好的，是被喜愛的，就會更加自信，自然就能朝著爸媽眼中自己的樣子發展。

可見，父母一句認可鼓勵的話，是孩子視若珍寶的禮物。

二、別讓孩子壓抑地生活

有個女生，小時候穿著新買的裙子在家轉圈圈，爸爸看見了，說：「真臭美。」聽完，她回到房間默默地把裙子脫下了。結果，之後的十年裡，朋友都沒見她穿過裙子。

也許有人會覺得這不過是一句玩笑話，取個樂而已。但是，就是這樣一句不經意的調侃，卻能給孩子帶來別樣的心理感受，甚至讓孩子失去自信，失去追求美的動力。

這些伴隨孩子成長幾十年的「心事」，通通源自大人當時的一句玩笑話。當時的父母也許不知道自己的每一句話都可能改變一個孩子的人生軌跡。愛美是一件很美好的事情，父母要告訴孩子：「愛美一點都不臭，還很香」。

我要對你說

有些孩子平時能說會道，但是只要遇到一點事情，就開始退縮。無論父母怎麼說，孩子依然否定自己，說自己不敢、不會。這種孩子，內心深處其實是相當自卑的。和同

第八章 強大內心：培養孩子的好心態

學相處時，孩子看起來和別人很融洽，卻沒有主見，什麼事都聽別人的，遭受不公平待遇時，也不敢為自己據理力爭。這其實就是自卑無能的表現。作為父母，要加以引導。

鼓勵孩子克服膽怯

恐懼就是恐懼，這種情感來源於內心，跟生氣和快樂一樣，都很難從理性上進行抑制，因此父母不要將自己的關注點放在孩子害怕的事情上，要多關注孩子的心理感受。如果孩子膽小，就要多給予他們鼓勵。

峰峰今年13歲，性格內向，膽小怯懦。上課時雖然認真聽講，但只要一回答問題，就神情緊張，目光游離，說話結巴，急切地盼望老師趕快讓他坐下。課堂討論時，他也總是低著頭，將課本舉起來，遮住臉部，總盼望著老師和同學別注意到他，別人根本就無法看清他的表情。課間休息或課外活動時，其他同學都在嬉笑打鬧，他卻遠遠地坐著觀望，默不作聲，漠然視之。

是什麼原因讓峰峰形成了膽小怯懦的性格？原因主要有兩個，一是父母脾氣暴躁，平時很少與孩子交流，孩子犯了錯誤，只會簡單粗暴處理，更不允許孩子在大人面前為自己辯解；二是父母對孩子學習的期望太高，缺少跟孩子的交流溝通，對孩

> 下篇　父母從容，孩子心理更健康

子不夠寬容，不懂得對孩子進行心理疏導。

有個9歲的男孩，家人最近發現，原本活潑外向的他居然變得非常膽小，只要一個人時就感到害怕。晚上他總是說害怕，不敢自己睡，父母陪著睡著後離開，他也會在中間醒來去找父母。

此外，男孩也不敢一個人坐電梯下樓找同學玩，不敢自己洗澡或去廁所。尤其是晚上更加嚴重，說怕黑，一定要把家裡的燈都開啟。家裡人都很奇怪，明明性格大大咧咧的孩子，怎麼突然就變得膽小了？

恐懼和害怕都是一種正常的情緒。恐懼情緒能夠幫助人們避免危險，比如，看到凶惡的狗或起火等情況，害怕會讓人遠離這些危險的事物，以保證自身安全。

其實，生活中能讓叛逆期的孩子害怕的事物有很多，可能是真實存在的事物，比如蛇、蜘蛛等可怕的生物，或者針頭、刀等銳利的物品。也可能是一些孩子想像出來的事物，比如鬼魂、幽靈、怪物等。

面對未知的事物，人們都會感到害怕。孩子想像力雖然豐富，但由於認知發展的局限，有時他們難以區分現實和想像，很容易出現「怕黑」、「怕鬼」等情況。那麼，怎樣才能讓叛逆期的孩子「大膽」起來呢？

第八章　強大內心：培養孩子的好心態

一、不要對孩子太苛刻

父母對孩子苛刻，孩子無法達到父母的要求，就會產生反抗心理，反抗父母。雖然父母都希望自己的孩子成為優秀人才，都在孩子身上寄予了自己未完成的理想，可是，對孩子的期望過高，太過苛求，孩子自身的成長就會被忽視。

開始追求完美是孩子心理成長的表現，也是孩子擁有追求卓越、積極上進等美好品性的心理動力。在成長過程中，有些孩子會慢慢地接受不完美的事物，與自己內心對完美的渴求達成一個基本平衡；有些孩子卻無法邁過這一步，只能不停地和自己較勁。更糟糕的情況是，在追求完美的過程中，孩子挫敗感過於強烈而承受力又不足，只能自我放棄，具體的表現就是，對自己完全沒要求，遇到困難就繞道走。

在成長過程中，孩子犯錯是很正常的，父母的指責過於嚴厲，孩子便會開始懷疑自己，害怕自己犯錯誤。這時候，為了避免犯錯，孩子就會盡可能地做得越少越好，話說得越少越好，於是越來越不敢表達自己，越來越膽小怕事。因此，為了讓孩子膽子大一些，就不能苛責孩子，要給孩子自己處理問題的機會。

二、帶著孩子走出去

孩子，只有見過世面，你才能適應各種生存環境，有能力在未來的生活裡遇事不驚，泰然處之；

孩子，只有見過世面，你的眼裡才會擁有更廣闊的世界，

才能帶著包容與好奇之心走得更遠;

孩子,只有見過世面,你才會領略更多的人生百態,懂得人生的意義對每個人來說本就不同;

終有一天,你將背起行囊漸行漸遠,只願遠去的背影,寬容、自信、堅強而獨立。

理論家艾文・托佛勒(Alvin Toffler)說:「行路多者見識多。」對每個叛逆期的孩子來說,多走出去看看世界,欣賞不同的風景,接觸不同的人,對未來會產生正面影響。

旅行,這件事情看起來似乎無關緊要,但也會讓孩子在潛移默化中變得勇敢起來。希波的奧古斯丁(Augustine of Hippo)寫道:「世界是一本書,不旅行的人們只讀了其中的一頁。」父母要帶孩子開啟世界之書,即使沒有太多時間,週末帶孩子在近郊遊玩,也能極大地拓寬孩子的眼界。

三、多陪孩子,尤其是爸爸

在教育孩子時,母親通常比較容易按照女性的標準,要求孩子順從聽話。相對於母親來說,父親更加強壯、勇敢和果斷。「爸爸」這個角色,本身就充滿了保護感與安全感,可以給孩子巨大的心理支持和力量。

媽媽代表的是溫柔,而爸爸是男子漢,是「勇敢」的化身,這種「粗獷」的教育,卻能造就勇敢的孩子。比如,天氣寒冷,媽媽擔心孩子著涼,會禁止孩子進行戶外活動。而爸爸可能會

第八章 強大內心：培養孩子的好心態

說：「沒事，寒風有什麼可怕的，我們一起去堆雪人、打雪仗吧。」

隨著自我意識迅速覺醒，叛逆期的孩子不再認為自己是孩子，有了強烈的獨立參與社會活動的意識，不會再像以前那樣崇拜母親了。這時候，父親就要主動承擔起教育孩子的重任了。

爸爸帶著孩子玩耍，更能鍛鍊孩子的膽量。要想讓孩子長成陽光少年，就要讓爸爸多參與孩子的教育。

我要對你說

孩子性格懦弱，不是短時間內能改變的，父母過於關注和急切，會傳遞給孩子一種負面訊息，讓孩子產生更大的壓力。總是提醒他「別人打你要還手，要勇敢一些」，就會替孩子貼上一個「不勇敢」的標籤，對孩子產生一種「你是一個不勇敢的人」的負面暗示。這樣，需要勇敢時，他都要和自己的不勇敢抗爭，無法坦然處之，越緊張，越不勇敢。

面對驕傲自大，引導謙虛

叛逆期的孩子之所以會驕傲自大，是因為他們對自己還沒有形成正確的認知，總是高估自己。

孩子驕傲自滿，就會在他和別人之間形成一堵無形的牆，

> 下篇　父母從容，孩子心理更健康

生活在自己的世界裡。為了讓孩子健康成長，父母要告訴孩子「人外有人，天外有天」。

文文今年 12 歲，馬上要上國中了。成績一向很不錯，每次都是班級第一。但是他身邊沒有什麼朋友，同學們都不喜歡和他玩。原因在於，文文不管隨堂考還是期末考，只要成績一出來就會向同學炫耀。這學期期末又考了全班第一，回家的路上他一直在說自己太棒了，別人都比不過他。

媽媽聽了這話，真是喜憂參半。高興的是，文文的成績是不錯。但更多的是擔心，畢竟現在還只是剛上國中，未來的路還很長。國中、高中、大學，將來步入社會，人外有人，天外有天。

文文容易驕傲自滿，媽媽真是替他以後擔心。

孩子成績很不錯，確實是一件值得高興的事情。孩子也會因為成績好而有點小驕傲，這也是一種普遍現象。

但是，父母還是要加以引導，讓孩子變得謙虛一點。因為，謙虛是每個孩子必須具備的基本品性。

人的一生是有限的，而知識卻是無限的。即使再勤奮努力的人，也不可能在一生中學盡所有的知識，因此，任何人都沒有權利拒絕學習和提升自己，也沒有人可以驕傲。即使是一些中外著名的成功人士，一直到逝世的那天，依舊在不斷地學習，努力提升自己。

驕傲自滿的孩子雖然能取得一定的成績，但往往沒有遠大

第八章 強大內心：培養孩子的好心態

的理想和志向，他們只滿足於眼前取得的成績；他們看不到別人的成績，只會「坐井觀天」；他們很難和同學友好相處，總是以高人一等的姿態對待別人；他們情緒不穩定，當人們不理睬他們時，他們就會感到沮喪；他們遇到失敗和挫折時，會從驕傲走向悲觀、自卑和自暴自棄，否定自己的一切，覺得自己不如別人。

當孩子出現驕傲自滿情緒時，父母應該怎麼做呢？

一、讓孩子客觀認識自己

有句古話叫「知人者智，自知者明」，意思是說，能了解、認辨識人的人確實聰明，而能認識、了解自己的人才算真正有智慧。孩子也需要自我認識的能力，因為只有清楚地認識自己，才能正視自己的優缺點，才能客觀地看待問題，才能不斷進步。

小蔣回到家後，有點失落地對媽媽說：「今天班上競選班長了。」

媽媽問：「結果怎麼樣？你參加了嗎？」

小蔣有點後悔：「沒。」

「怎麼不去試一試呢？這是個鍛鍊自己的好機會。」

「其實我想參加，可是競選班長要上臺發言，還要說出自己的優點、能勝任的理由之類的，我從來沒想過自己有哪些優缺點，不知道該怎麼說。」

> 下篇 父母從容，孩子心理更健康

聽了小蔣的話，媽媽拿出一張紙，從中間對折了一下，對他說：「現在你來思考一下，把自己的優點寫在左邊，缺點寫在右邊。」

大約20分鐘後，小蔣完成了對自己的審視，滿滿一張紙上寫的都是自己的優缺點，小蔣不禁說：「原來我有這麼多優缺點啊。」

媽媽說：「對啊，每個人都有很多優缺點，只是大多數人不去了解自己，現在你知道該怎麼做了嗎？」

小蔣信心滿滿地說：「知道了，我要發揮自己的長處，改掉缺點，爭取下學期當班長。」

媽媽點點頭，給了小蔣一個大大的擁抱。

在競選班長的時候，小蔣不知道該說什麼，原因是他根本不了解自己，不知道自己有哪些優點和缺點，事後在媽媽的幫助下，小蔣才對自己有了新的認知。

人生是一個不斷認識自己、發掘自己潛力的過程，孩子學會正確地認識自己，意味著孩子能發現自己最擅長的地方，同時也能清楚意識到到自己在哪些方面有所不足，進而對不足的地方加以改進，不斷完善自己、提升自己。

孩子出現自滿情緒，多半都是因為高估了自己，認為自己比誰都強，只看到自己的長處，看不到自己的短處，拿自己的長處跟別人的短處比。他們都「以自我為中心」，想做什麼就做什麼，不會設身處地地為別人著想，父母應耐心地教導孩子，

第八章　強大內心：培養孩子的好心態

讓孩子學會正確評價自己，既明白自己的優點，也看到自己的不足。

二、表揚要適度

父母望子成龍心切，孩子稍微有點進步就欣喜若狂，讚不絕口，時間長了，必然會助長孩子的自滿情緒。正確做法是，在表揚孩子時，要高度重視感情的作用，盡量做到「濃淡」適度，因為有時只要對孩子微微一笑，也能造成很多讚美之詞無法造成的作用。同時，父母要盡量少在外人面前誇獎自己的孩子，因為孩子的自我評價能力還很差，看到大人肯定自己，會產生錯誤的認知，認為自己真的很優秀，從而產生自滿情緒。

三、精神鼓勵為主，物質獎勵為輔

一位心理學家曾經做過這樣一個實驗──

心理學家挑出一些喜歡繪畫的孩子分成兩組。他跟第一組說：「畫得好就給獎賞。」然後跟第二組說：「想看看你們的畫。」結果，三個星期後，第一組的孩子大多不情願主動繪畫，興趣明顯降低；第二組的孩子卻自始至終都在積極繪畫。獎賞確實能強化孩子的某種良性行為，直接驅使他們去做某事，但是一味地用獎勵去驅使，孩子就會漸漸地只對獎賞感興趣，而對被獎行為失去興趣。因此，完全可以多給孩子一些精神鼓勵，而不是物質獎勵。

精神激勵孩子的方法有語言和行為兩種，比如一個滿意的

下篇 父母從容，孩子心理更健康

微笑、一個賞識的眼神，就有可能讓孩子銘記一輩子。舉個例子，有一天孩子心血來潮，想幫媽媽掃地洗碗，媽媽很高興，想獎勵孩子的行為，鼓勵孩子再接再厲。這時候，該如何獎勵？最好不要拿零用錢、零食等獎勵孩子，可以用語言誇獎孩子，比如：「知道幫媽媽分擔家務，你很有責任心。」、「做家務時，你很認真細心。」也可以直接給孩子一個溫暖的擁抱，告訴他：「我很感動，我為你感到驕傲和自豪。」得到父母的認可，孩子以後做家務就會更賣力，也容易朝著父母期望的方向發展。

當然，給孩子精神獎勵的方式還有很多，比如獎勵孩子一次期待已久的旅行，全家人去看一場電影等，讓孩子從獎勵中獲得精神層面的享受，獲得層次更加豐富的體驗。

我要對你說

現在大多數家庭只有一兩個孩子，所以父母對孩子都特別寵溺，當孩子在某個方面取得一點進步時，父母就會欣喜若狂，讚不絕口。這在一定程度上會讓孩子誤以為自己做了特別了不起的事情，當溢美之詞太多時就可能會讓孩子錯估自己，從而產生驕傲情緒。父母不能太慣自己的孩子。孩子一旦出現驕傲自滿的情緒，父母一定要及時採用科學的方法來幫助他們消除驕傲自大的不良心態。

第八章　強大內心：培養孩子的好心態

化解孩子的悲觀情緒，培養樂觀

生活具有不可控性，我們的未來充滿未知，但正是這樣的未知，讓我們想要挑戰和突破。

身心健康的孩子原本應該是樂觀的、正面的，如果讓悲觀占據了孩子的身心，樂觀就會隨之消失，正面性也會漸漸消退。

可見，對於孩子來說，樂觀的性格確實非常重要。

李女士的兒子8歲，正在上小學二年級，別看已經是個二年級的大孩子了，他依然是個「愛哭鬼」。平時在學校，只要一被老師責備，就會難過很久，一兩天過去了還沒從中緩過神來。如果考試失利，就更難辦了，經常會在自己的房間裡哭上一場，然後心情憂鬱幾天，任憑父母怎麼哄都沒有用。李女士從來沒對孩子提過要求，可是一碰到挫折或失敗，孩子就覺得天要塌下來了，緊張得不得了，李女士不知道如何是好。

在教育孩子時，父母一定要學會發現孩子行為背後的動機。李女士的孩子之所以會在考試失利、被老師責備之後出現很大的情緒波動，甚至一兩天都沒法緩過來，是因為孩子的內心太過悲觀，把事情想得過於嚴重，沒能很好地調節自己的心態和狀態。

悲觀心理，容易讓孩子感到無助。悲觀的孩子會把考試失利看得比天大，可是樂觀的孩子對待這樣的問題往往比較正面，對

於回饋回來的訊息,能夠用樂觀的方式去處理,絕不會消極怠工。父母應該注意自己的教育方式,千萬不能讓孩子在自己的教育下變得悲觀消極。

一、不要傳達悲觀情緒給孩子

很多父母生活壓力特別大,面對孩子時,總會用一些特別負面的態度與孩子交流。這樣,會把自己的壞情緒帶給孩子,甚至讓孩子在這種生活中產生負罪感,覺得都是因為自己才讓父母這麼累。孩子在這種觀念的支配下,往往會變得非常焦慮,面對困難時甚至會產生輕生的念頭。

多數父母都希望孩子能夠替自己分擔一些壓力,甚至有些父母會綁架孩子的思想,如果自己有一件事情沒有完成或無力完成,他們會將解決這件事情的希望全部放在孩子的身上。比如,有些父母上學時沒有考上理想的大學,會要求孩子朝這個方向努力,即使孩子非常厭惡。

有些父母會把生活的壓力傳遞給自己的孩子,讓孩子感受到同樣的壓力。

有些父母買房吃力,會將這份壓力傳遞給孩子,讓孩子在很小的時候就感受到買房的痛苦。

雖然多數父母的出發點是好的,都希望孩子從小就感受到生活的艱難,但是在這樣的教育環境下,孩子只會變得非常悲觀,遇到問題,也只會往壞的方面考慮。

第八章　強大內心：培養孩子的好心態

二、讓孩子在充滿愛的家庭中成長

家庭是孩子的第一生活環境，也是孩子心靈的港灣，和諧溫暖的家庭氛圍有利於孩子的健康成長。父母要注意觀察孩子的情緒變化，及時和孩子進行溝通，為孩子營造一個溫馨的家庭氛圍。

曉麗今年上五年級了，以前是個活潑開朗的孩子，現在卻變得悶悶不樂。這和家裡最近發生的事情有關。

父母感情一直不好，整日吵吵鬧鬧，曉麗也似乎習慣了這樣的生活。可是這段時間，父母卻提到了很敏感的離婚的問題。有天晚上，他們又開始大吵大鬧，還說要不是因為孩子，早就離婚了，絲毫不顧及曉麗的感受。

曉麗感覺自己是多餘的，是父母的麻煩。整個人變得無精打采，學業成績直線下降。

父母之間的關係會影響孩子的情緒。父母親密和諧、互敬互愛，孩子就會感到溫馨和愉悅，心情也會隨之開朗；父母關係不和諧，整日吵鬧不休，則會給孩子帶來壓力和恐懼，影響孩子的身心健康。所以，父母要多為孩子考慮，讓孩子在充滿愛的家庭環境中成長，讓孩子體驗到家庭的溫暖和安全感，慢慢消除負面情緒。

三、鼓勵孩子多交朋友

現在的孩子多數都是獨生子女,和外界接觸較少,沒有朋友,即使出現了負面情緒,也得不到及時排解。鼓勵孩子交朋友,會讓孩子覺得身心愉悅,既能聯繫彼此的感情,又能將自己的不良情緒合理釋放。

倩倩今年8歲,朋友卻很少。父母平時工作忙,很少和她溝通,自己在學習和生活上遇到的問題,都不知道該向誰尋求幫助。她心裡感到壓抑,看到別人有朋友很羨慕。父母發現了女兒的情緒變化,得知女兒是因為沒有朋友而苦惱時,就鼓勵她敞開心扉去和別人交流、交往。在父母的鼓勵下,倩倩和班裡的一個孩子建立起了良好的友誼,放學後她們一起做作業、一起玩。此後,倩倩的性格也開朗了很多。

父母要鼓勵孩子多與同齡夥伴交往。為了引導孩子與他人融洽相處,可以邀請孩子的朋友來家裡做客、玩遊戲。孩子的心胸和視野開闊了,負面情緒自然也就容易消除了。

我要對你說

當孩子出現負面情緒時,可以藉助轉移注意力的方法來緩解,比如,孩子喜歡玩水,就提出建議,帶孩子去海邊或者游泳館游泳。藉助這個活動來轉移孩子的負面情緒,等游泳結束後,悲觀情緒也消解了很多,甚至完全消失了,孩子情緒平和後,再對孩子進行開導。

第九章
塑造性格：適度放手，成就好性格

理解孩子任性的心理需求

　　進入叛逆期後，隨著自我認知的進一步發展，孩子會更加一意孤行。對於自己所認定的某種觀念和想法，無論成年人怎麼勸說引導，都很難發生認知上的改變。

　　有個國三生執意要離開學校，回家學習，因為他覺得老師在課堂上的講課空洞乏味。可是，回到家裡，他並沒有安心學習，而是迷上了玩手機。媽媽督促他寫作業，男孩卻提出了這樣的要求，寫作業可以，但是必須讓他在手機上聽歌。如果不讓聽歌，他就拒絕寫作業。

　　叛逆期孩子的任性，往往表現在不服從父母的管教。父母的限制多次被孩子的蠻橫和任性打破，任性的言行也就成了瘋長的野草。如果父母對孩子的言行缺乏監督，沒有制定有形無形的規矩，再加上父母沒有發揮好表率作用，不知不覺，孩子就會養成任性的習慣。當孩子任性到極點時，學校裡的懲戒措施，會直接引發師生衝突。老師對任性的孩子，只能選擇默默放棄。

> 下篇　父母從容，孩子心理更健康

　　任性是學習的敵人，在學習上任性、不守規矩、耐不住寂寞的孩子，會在人生的某個階段，為自己年幼時的任性買單。當孩子因需求沒有得到滿足而倔強時，父母不要再一廂情願地跟孩子講道理，要先用溫柔的語言和肢體接觸來安撫孩子，不管孩子的需求是否無理。

　　不要為了讓孩子記住教訓，以後再也不提不合理的要求，而拒絕擁抱沮喪、失落、倔強的孩子。因為，孩子並不會關注父母拒絕之後的行為，只會關注拒絕本身。也就是說，你的拒絕已經給孩子教訓了。從情感宣洩的角度來講，孩子遭到拒絕以後，不可避免地會感到沮喪和氣憤。父母溫柔的安慰和肢體的撫觸，能給孩子安心的感覺，也有利於孩子負面情緒的宣洩。

一、開啟「心理閉鎖」

　　當父母與孩子意見不一致時，很多孩子第一反應是「爸媽不理解自己，不考慮自己的感受」，尤其是孩子的意見經常被忽視時。所以，在一定程度上，父母還是要尊重孩子的意見，不能讓孩子覺得自己「不重要」。

　　否則，一旦孩子出現了這樣的感受和想法，就會主動放棄，變成一個「被忽視」的孩子；或者會因為各種心理原因，不考慮外在條件，堅持自己的選擇。所以，在這個時候，父母講任何道理都沒用。即使條件不允許，父母也必須考慮孩子的感受，不能直接拒絕，要先讓孩子開啟心扉。

第九章 塑造性格：適度放手，成就好性格

當孩子想要堅持自己的意見時，不僅會在心理上排斥所有反對意見，在動作姿勢上，也會採用「姿態凝固」，或者「雙手環抱」的姿勢。因此，要想開啟孩子的「心理閉鎖」，首先，要想辦法讓孩子改變姿勢。最簡單的做法就是，對孩子說：「我們先把這個問題放一邊，你坐到我面前來，讓我聽聽你的真實想法，可以嗎？」這個時候，孩子一定會走到離你更近的地方，拉近了你們的心理距離，開啟了「心理閉鎖」。

二、搭建心靈之橋

在心理學和談判術中，有一種方法叫做「搭建心靈之橋」，即如果想說服一個人，得分兩步，先到 A，再到 B，如同在同意和反對之間搭建一座橋梁一樣。什麼意思呢？首先，要完全接受對方的意見，拉近彼此的心理距離；然後，牽起他的手，走過這座橋，告訴他為什麼不可以。

舉個例子，如果孩子正在讀國中，同學約他一起去喝酒，說是啤酒，不會醉。可是，你覺得國中生不能喝酒，即使是啤酒，也必須成年以後喝。

在這件事情上，孩子的想法是：1. 啤酒不會醉；2. 我不能不給同學面子；3. 我是國中生了，可以喝酒。這時候，如果想說服孩子，可以先認同孩子的觀點：「爸媽覺得，你說的都對。你已經長大了，能夠對自己的行為負責，也能夠分辨什麼是應該的和不應該的。男孩子到了你這個年齡，可以適度喝啤酒。

你有自己的朋友圈子，不能駁了人家的面子。」

你可以繼續說：「我們完全相信你，喝啤酒可以，最安全的喝法，是你和朋友都只喝一杯。孩子，你要懂得，男孩子喝酒絕對不是為了裝酷耍帥或借酒消愁。爸媽相信你，爸媽更希望你和你的朋友都懂得這一點。你能保證你們都只喝一杯嗎？爸媽對你完全信任，相信你是個有自己判斷的孩子。你告訴爸媽，你相信他們會這樣嗎？」

你也可以這樣說：「孩子，拒絕是一種能力。如果你想喝酒，爸爸陪你喝。如果你想安慰朋友，我們再想辦法。」

三、重視心理暗示的作用

為了讓對方自覺地按照你的意願來行動，可以用含蓄的、間接的方式，對別人的行為和心理施加影響。在心理學上，這就叫「暗示效應」。

如果孩子經常接觸性格偏執的人就會變得很固執。因為別人偏執的行為，會對孩子造成負面的暗示，只要固執己見，就能獲得自己想要的。讓孩子脫離這種環境，更多地跟寬容的、平和的人交往，孩子就能接收到正面暗示，從而糾正自己的行為。慢慢地，孩子的固執、倔強也會有所緩解。

第九章 塑造性格：適度放手，成就好性格

> **我要對你說**
>
> 父母絕不能把孩子當成小皇帝，什麼事情都聽孩子的指揮。如果孩子對父母講話總是用命令的口吻，即使孩子說的是對的，父母也要對孩子的不禮貌行為進行糾正。否則，時間久了孩子就會變得不尊重長輩，甚至開始驕傲自大。驕傲不僅會使孩子變得任性，還會讓孩子變得目中無人。

引導孩子學會自重與自愛

自愛是指愛護自己的身體，珍惜自己的名譽，是一種良好的心理狀態，孩子雖然處於叛逆期，依然可以透過努力找到自己的人生價值，得到別人的尊重和認可。自尊始於知恥，知道什麼是羞恥，才能明確說話辦事的原則。這樣，孩子們在做事之前才能深思熟慮。

在公車上，曾看到過這樣一幕——

一個男孩和一個女孩坐在座位上，摟抱在一起。男孩旁若無人地親吻著女孩，女孩主動回應，持續了足足有 10 分鐘。有的乘客投去不贊成的目光，有的乘客則將目光避開了他們，最後直到公車到站，兩人才相擁著離開。

看到這一幕，我著實感到震驚。雖然知道學校裡有未成年

戀愛的問題,但絕不會想到有這樣的場景。

這個案例雖然有些極端,只發生在個別孩子身上,但依然值得我們警惕。

公車是一種公共交通工具,是開放式的,他們的所作所為,周圍有很多雙眼睛看著,而兩個孩子卻毫不在意,該說他們膽大,還是該說他們肆無忌憚?抑或是有些不自愛。

叛逆期的孩子正處在身心發育的黃金期,各方面都在快速發展著,但對愛情的了解還處於朦朧狀態,單純地認為哪個女孩長得漂亮、哪個男生長得帥氣,兩人在一起有聊不完的話,跟對方在一起,就是愛。於是,一旦確定了關係,兩人就會形影不離,恨不得昭告天下。

其實,該階段的男女生愛戀,只是一種心理上對異性的喜歡,他們對愛情的認知依然淺薄。家長一定要加強對孩子的教育和引導,告訴他們學生時代該如何處理好男女生關係。

美國心理學家麥克斯威爾・馬爾茨(Maxwell Maltz)說:「人的所有行為、感情和舉止,甚至才能,與其自我意向是一致的。」父母的愛和鼓勵可以讓孩子對自己多一份愛的認同,而這樣的孩子,在面對人生道路上的艱難險阻時會披荊斬棘,成就最好的自己。因此,叛逆期的孩子不懂自愛,父母一定要對他們進行正面引導。

第九章 塑造性格：適度放手，成就好性格

一、自愛的孩子，更懂得珍惜生命

網路上，曾出現過這樣一則勵志新聞──

獨臂女孩小敏（化名）靠自己的努力年入百萬，打動很多人。

7歲時，小敏遭遇一場車禍，失去了左臂，但她並沒有一蹶不振，反而更加愛自己。她對母親說：「既然我活下來了，就要更好地活著。」

小敏很珍惜這次的死裡逃生，努力做復健，鍛鍊身體，在最短的時間裡適應了一隻手臂的生活，勤奮學習，考上了理想的大學，從事了自己喜歡的工作。

如今的她，經營著自己的花草生意，生意不錯。

因為自愛，讓從小遭受磨難的小敏更加珍愛自己的生命，勇敢迎接命運帶給她的各種挑戰。

英國政治家哈利法克斯伯爵（Edward Wood, 1st Earl of Halifax）在《雜感錄》中說：「自我熱愛遠非缺點，這種定義是恰當的。一個懂得恰如其分地熱愛自己的人，一定能恰如其分地做好其他一切事情。」懂得愛自己的孩子，遇到挫折的時候，不會放棄自己的生命，因為他們明白，對自己好點，努力去實現自我價值，美好的明天一定會到來。

二、愛自己，相信我就是最好的

有個男孩文學造詣很高，在網路上發表了很多小說，還有作品出版。看到他賺了不菲的稿酬，朋友們都很羨慕他。其實

早在他上學期間,在寫作方面就表現出了極高的天賦,但其他學科卻不太擅長。

為了讓這個男孩順利應付考試,父母和老師都勸他放棄寫作,多花點精力在其他學科上,但男孩始終堅持為寫作而努力。

為了實現自己的作家夢,高一時,男孩辦理了退學手續。當時,很多老師都諷刺他:「你不上學了,將來靠什麼生活?」年輕氣盛的男孩說:「靠我的稿費啊!」老師們頓時大笑。

可是,老師的嘲笑並沒有打擊到男孩,他依然堅信自己可以成功,一如既往地堅持寫作。如今,這個男孩早已取得了不錯的成績。

面對別人的冷嘲熱諷,男孩從未放棄過自己,反而更加努力地去實現自己的價值,讓他的人生大放光彩。

懂得愛自己的孩子,當被別人嘲笑的時候,會始終堅持自我,給自己搭建一個無堅不摧的精神世界。

三、認同孩子,不拿孩子與他人做比較

孩子們一般都不喜歡父母拿自己跟他人做比較,叛逆期的孩子更是如此。父母的比較會讓孩子覺得自己不如人,對自己產生否定。有些孩子甚至還會厭惡被父母選中的比較者,離他越來越遠,甚至躲著走。因此,為了讓孩子變得更自信,父母要減少這樣的比較行為。

《在輪下》(*Beneath the Wheel*)1946 年獲得諾貝爾文學獎,

第九章　塑造性格：適度放手，成就好性格

作者是赫曼・赫塞（Hermann Hesse）。在這部小說中有一位浪漫不羈的人，他就是郝爾曼（Hermann Heilner）。他有著不凡的見識，不喜歡與人比較，追求自由，對自身充滿自信，深受讀者喜歡。其實，郝爾曼能如此自信，相當程度上源於媽媽的教導。

比如，鄰居家的孩子總是考第一，媽媽沒有對郝爾曼說：「你應該向××學習。」面對郝爾曼，媽媽總是慈愛有加，她支持郝爾曼的興趣，理解他。

在這樣的教育下，郝爾曼從小就能不以世俗標準和外界評價來判定自己的價值，擁有強烈的自我認同感，能夠聽從自己的內心，更愛自己，可以無所顧忌地做自己喜歡的事情。郝爾曼的故事再一次告訴我們，不要總是拿自己的孩子與他人相比，要多認可孩子，讓孩子認識真實的自我，體會到那種發自內心的快樂與滿足。

我要對你說

僅喜歡自己還遠遠不夠，父母還要告訴孩子，不能把自己的快樂建立在別人的痛苦之上。讓人喜歡的人，不僅喜歡自己，也喜歡別人。因此，無論是只考慮自我喜好的唯我獨尊的孩子，還是容易自我陶醉的自戀者，都不是真正喜歡自己的人，他們往往更容易陷入自己的私欲之中。

下篇　父母從容，孩子心理更健康

有技巧地和孩子說「不」

生活中，叛逆期的孩子總會提出各種「不合理」的要求，讓父母難以招架。父母之所以不懂拒絕孩子，原因有二，一是擔心拒絕孩子，孩子哭鬧無法收場；二是父母希望與孩子成為最好的朋友，而最好的朋友之間很少說「不」。但是對於不講理的孩子，必須使用一定的技巧，果斷拒絕，否則後患無窮。

你這孩子怎麼這麼不懂事，說什麼都不聽。

說800遍也不聽。我讓你寫作業，又不是要害你。

你還回嘴？我說錯了？說你多少遍了？聽過一次嗎？

相信，每個父母都對孩子大聲吼過，都對孩子發過火。

父母試圖改變孩子的想法、改變孩子的壞習慣，卻發現孩子變得越來越叛逆，讓父母有種無力感。

有一天晚飯後，媽媽和15歲的女兒閒聊，爸爸說話稍微重了一點，女兒居然穿上鞋子，連外套都沒穿就摔門出去了。父母以為女兒只是下樓轉轉，很快就會回家。不承想，到了晚上11點多女兒還沒回家，打電話問女兒的朋友和同學，也都說沒有看見。父母急得不行，連夜請了很多親人朋友出去找，一直找到快天亮了，才拖著疲憊的身體回家。開啟女兒的房門，看到女兒躺在自己的床上，睡得正香。

幸虧，這個女孩沒有真的離家出走，否則父母要後悔一輩子。

第九章　塑造性格：適度放手，成就好性格

　　叛逆期，是孩子開始走向獨立的第一步，但孩子見識有限，能力不足，還不具備完全獨立的條件。因此，在孩子想獨立而不被父母認可時，雙方就容易產生爭執。「不講理」是叛逆期的孩子給父母的最大的感受，原本乖巧懂事的孩子，進入叛逆期後，突然就變得不講理了，而且還特別倔強。

　　為什麼父母的話是對的，而孩子卻不肯聽？原因就在於──有的父母太愛講道理，太執著於向孩子證明自己是對的。

　　很多父母在和孩子發生分歧的時候喜歡講道理，背後的邏輯其實是──我是長輩，我的經驗比你豐富，我是正確的、權威的，你就得按我的要求做。這使孩子在溝通的時候，有極強的被控制感。對獨立意識已經覺醒的叛逆期孩子來說，在這一點上，是很難讓步的。

　　孩子就像一名站在父母對立面的辯論選手，即使強詞奪理，也不會承認自己錯了。而這場爭吵也像辯論賽一樣，最終也許會分出勝負，卻難分出對錯。所以，造成孩子不講道理的核心原因，並不是事情的「對錯」本身，而是溝通和理解上出了問題。

　　蘇聯教育家安東・馬卡連柯曾說：「人們時常說，我是母親，我是父親，一切都應讓著孩子，為他犧牲一切，甚至犧牲自己的幸福，但這恐怕是父母送給孩子最可怕的禮物了。」面對孩子的無理要求，及時說「不」，是對孩子不良言行的拒絕和糾

正,它可以幫助孩子明辨是非,培養他們的規則意識。

那麼,怎樣巧妙地拒絕孩子提出的不合理要求呢?

一、否定孩子的行為,不要否定孩子

叛逆期的孩子,都不希望被父母否定。因此,拒絕孩子的不合理要求,可以否定他們的行為,不能否定他們。

可以跟孩子說:

這樣做不行喲!這樣做不可以呀!

吃這個肚子會疼的呦!

絕不能這樣說:

你每次都這樣!

說了多少遍了,怎麼就是不改!

你這孩子老是這樣任性,如此淘氣!

父母可以否定孩子的行為,因為行為是比較好改、能夠糾正的。當孩子發現自己的行為有誤,並知道該怎樣做才對以後,只要願意改,就能改正。如果直接替孩子的人格定了論調,說他是什麼樣的人,就不太好處理了。因為要改變一個人的人格非常不容易。

父母在說「不」的時候替孩子附贈一個標籤,很容易激發孩子「我反正就這樣了」的對抗心理,甚至逼得孩子破罐破摔。

第九章　塑造性格：適度放手，成就好性格

二、不要讓孩子認為犯錯誤是可恥的

很多家長為了強調錯誤的嚴重性，總是跟孩子說：「你犯了錯誤，是你不好，這樣做是讓家長丟臉了。」

讓孩子因為犯錯而產生羞恥感，是很多家長的慣用招數，但這個方法之所以有效，是因為孩子在乎父母，也在乎自己在父母眼中的形象。一旦這種在乎變成父母要挾孩子的資本，孩子就會產生一種錯誤的社交模式，過度迎合和取悅自己在乎的人。

同樣，孩子提出了無理要求，父母拒絕孩子的時候，一定不要認為他的要求是可恥的。叛逆期，孩子的生理和心理都已經發生了巨大變化，表現出了成年人的情感和獨立感。他們不想被壓迫，不想被威脅，做事易衝動，不考慮後果。讓孩子覺得自己的要求是可恥的，他們也會變得更加叛逆、更加不懂事。

三、跟孩子交朋友

有的家長總覺得孩子做什麼事情都應該聽自己的，其實父母把自己放在一個制高點上，反而容易拉遠親子之間的距離。孩子提出了不合理要求，不要覺得孩子挑戰自己的權威。孩子有自己的喜好和要求，是很正常的事情，這是他們認知能力提高的結果，家長可以用朋友的方式跟孩子相處，獲得他們的信任。

家長和孩子成了朋友，孩子才願意跟家長敞開心扉，當家長覺得孩子的要求不合理時，孩子才更願意接受父母的拒絕或建議。

下篇 父母從容，孩子心理更健康

我要對你說

父母與孩子就像在玩一個圍追堵截的遊戲，父母已經設定好了障礙物所在的地方，孩子遇到阻礙，就會繞道而行，由於以前一直遷就孩子，所以他才會變得這麼蠻不講理。因此，要改變他，首先就是不能遷就他，把遷就這條路堵死，讓孩子不再寄希望於此，那麼他就不會蠻不講理了。剛開始時，孩子肯定會鬧得非常凶，不要理會他，冷處理，就是把孩子晾到一邊，讓他冷靜下來，然後再跟他講道理。

第十章
品德養成：引導孩子擁有優秀品性

鼓勵分享，化解自私心理

叛逆期，只要在孩子心中埋下自私的種子，就會培養出自私、冷漠的孩子，既害了孩子，也害了父母自己。

缺乏愛心的教育是殘缺的、不完整的，為了讓孩子成為一個智商高、能力強、願分享、懂關愛、熱情洋溢的人，就要做個有心人，從小給予孩子愛的教育。

一位年輕的媽媽來信說——

我兒子今年10歲，最近變得越來越護食了，一點兒也不願意與別人分享。前幾天，兒子過生日，我特意買了很多好吃的給他，還帶著他和爺爺奶奶一起去動物園玩。在遊玩途中，奶奶感覺有點餓了，就問我兒子能不能給她點好吃的，結果我兒子把全部的食物抱得緊緊的，根本捨不得給。兒子的這一舉動，弄得我也挺不好意思的。雖然孩子還小，但這種情況還是不應該出現。

與之相反——

> 下篇　父母從容，孩子心理更健康

搬入新社區後，沒過半個月，我兒子就以迅雷不及掩耳之勢跟社區的孩子們打成了一片。兒子決定帶幾個朋友回家「做客」，於是在一天傍晚，就帶著幾個新認識的朋友浩浩蕩蕩地進了家門。我感到很驚訝，問他這些朋友都是誰，他滿懷豪氣地說：「這些都是我的新朋友。」然後，跑到冰箱前，一陣翻找，把家裡能吃的東西幾乎都拿出來了，一副要「款待」客人的樣子。

其實，與上面那位媽媽有過同樣尷尬經歷的父母，大有人在。

為什麼叛逆期的孩子喜歡「獨霸」自己喜歡的東西？仔細研究就會發現，家人溺愛，缺乏同伴交往，是孩子喜歡「吃獨食」的主要原因。

對叛逆期的孩子來說，願意分享是一種美好的特質，是孩子都應該擁有的。在孩子的成長過程中，分享具有重要意義，既可以幫助孩子獲得玩伴的信任，也能促進孩子語言表達能力的提高，還能幫助孩子找到與他人相處的方式方法。

願意與他人分享的孩子，通常都能較好地解決交往中遇到的問題，他們會積極地幫助他人，為以後的社會交往奠定基礎。相反，不願意與人分享，喜歡獨享，忽視他人的存在和需求的孩子必然是不合群的，即使在團體中也會感到孤獨，無法很好地進行人際交往。

為了糾正叛逆期孩子的毛病，引導他們與人分享，父母可

第十章　品德養成：引導孩子擁有優秀品性

以按照以下的方式對孩子進行教育。

一、讓孩子正確理解「分享」

與人分享，是每個人融入社會必須掌握的一項技能。懂得與人分享是一種良好的美德，所以父母要教育孩子與人分享，這樣孩子在成長過程中，才能感受到分享的快樂。

心理學家發現，偏重利他但不利己的孩子，成年後的自我價值感一般較低，自信程度也較低。孩子成年後，要面對紛繁複雜的問題。只有讓孩子正確理解分享，才能變得無私一些。

媽媽帶著兒子去公園玩，兒子拿著變形金剛、飛機模型和卡車玩具玩耍時，幾個男孩圍了上來，想要一起玩玩具。兒子明顯得很抗拒，他將玩具抱在胸口並看向媽媽。他並不想和其他陌生人分享。

媽媽看兒子不樂意，便告訴他可以拒絕這些要求，「只要說不就好了」。但這個行為不僅遭到了幾個男孩的「告狀」，公園裡的其他媽媽也對她投去厭惡的目光。

媽媽最後堅定了自己的教育理念——她告訴兒子：「我們並非活在一個只要有人要求某件東西，你就得放棄的世界」。

二、讓孩子學會理解他人的情緒

首先，要激發孩子對他人情緒的理解力。研究顯示，鼓勵孩子思考自己的分享能給別人帶來什麼，孩子就會更慷慨；讓孩子想像自己的自私會給其他孩子帶來什麼，也會讓孩子更願

意分享。關鍵是父母要向孩子說明他人的感受，幫助孩子換位思考。比如，同學想要你家孩子的東西，你家孩子不願意，就可以問問他：「你覺得你不讓那個朋友看你的××，他會是什麼感受？」同時，還可以引導孩子去感受他人的情緒，比如，跟孩子說：「你看，他看起來是不是有些傷心了？」在這個過程中，不要替孩子解決問題，要讓孩子學會理解「他人的情緒」。

如果孩子覺察到了他人的情緒，說「他會很傷心」，父母就可以進一步詢問：「那你覺得可以怎麼辦？」這裡，關鍵要引導孩子思考解決問題的方法，讓孩子在分享或不分享中做出選擇。如果孩子經過認真思考，依然不願意分享，那就到此為止。父母要尊重孩子的決定，不要一廂情願地將「自私」的標籤貼在孩子身上。

三、培養孩子的物權意識

所謂物權意識，就是對一件物品的所有權的理解，比如，孩子知道家裡的哪些物品屬於父母，哪些物品屬於自己。孩子的物權意識越強，對自己的東西越有安全感，越願意分享。因此，父母要有意識地培養孩子的物權意識，越早越好。

為了幫孩子強化所有權的概念，平時跟孩子說話時，父母要注意強調「我的」、「我們的」、「他的」、「他們的」。可以有意識地對孩子說：「這是媽媽買給你的，它屬於你。」或者「這些物品都是你的，你要看護好，要負起責任。」這樣，孩子就會得

第十章 品德養成：引導孩子擁有優秀品性

到極大的滿足。

如果孩子在公共區域跟其他人共享物品，比如，在圖書館看繪本、在遊樂園跟大家一起玩，父母就可以提前幫孩子弄清楚所有權和使用權的區別。可以跟孩子說：「我們在這裡看的書，跟家裡的不一樣，我們只能暫時在這裡看一看，不能把這些書帶走，也不能一直抱著一本書不放。」提前替孩子打好預防針，孩子才可能把圖書讓出去。

我要對你說

當孩子不願意分享時，很多父母都會自然地替孩子做決定，並且強迫孩子根據大人的想法來行動。但是，叛逆期孩子的世界是單純的，不像成年人。有時候父母要求孩子分享，可能是因為對方是親戚朋友的孩子，不想丟了面子，又或者是上司的孩子，害怕上司生氣。父母將成年人的思想強行灌輸給孩子非常可怕，孩子沒有必要為了你的面子和你的膽怯買單。父母也沒有資格用孩子的快樂來換取旁人虛偽的一句評價：「你家孩子真乖。」

增加信任，改善撒謊習慣

孩子喜歡撒謊，怎麼辦？

下篇　父母從容，孩子心理更健康

大寶上小學四年級，是個性格開朗的男孩。去年家裡添了二寶，大寶對妹妹愛護有加，讓家人很欣慰。

但最近媽媽發現大寶特別喜歡撒謊。

在沒有二寶之前，大寶偶爾也會撒謊，媽媽以前總認為，孩子還小，等大一些就好了。不承想，孩子越大，撒謊越厲害。媽媽還自責，是否因為生了二寶，才造成大寶現在的不良習慣？

孩子喜歡撒謊究竟是什麼原因呢？面對孩子撒謊，父母應該怎麼辦呢？媽媽覺得應該給孩子一些正確引導，及時糾正孩子的不良習慣。

有一次大寶陪二寶在客廳玩，因為米粥還有點燙，就擺在旁邊的小桌子上，兩個孩子玩得有點興奮，大寶不小心踢到小桌子，把米粥打翻了。

媽媽從廚房衝出來，趕緊看二寶有沒有被燙到，並不自覺地大聲責問：「是誰啊，這麼不小心，燙到了怎麼辦？大寶，是你踢到小桌子了嗎？」

大寶打死不承認，拚命說是妹妹不小心踢到的，還越說越委屈，大聲哭起來。

雖然事發時，媽媽人在廚房，但因為擔心孩子們的安全，眼角總是瞄著客廳的一舉一動。媽媽很清楚，是大寶踢到了桌子。媽媽問是誰踢到的，是希望大寶主動承認錯誤。

大寶不但不承認錯誤，還把責任推給妹妹。

第十章　品德養成：引導孩子擁有優秀品性

　　叛逆期的孩子之所以要撒謊，多半都是擔心做錯了事，會受到責罵或懲罰，不願或不敢承認，怕承認錯誤後受到處罰。

　　在孩子的成長過程中，犯錯在所難免。孩子犯錯後，父母給予什麼樣的引導，決定著孩子是坦然接受，並下次改進，還是用撒謊來掩蓋錯誤，逃避責任。如果孩子知道自己犯錯後，有父母作為堅強的後盾，並幫助自己一起想辦法解決問題，孩子就不會懼怕。如果孩子犯錯後，父母只會責罵孩子，只能將孩子逼到撒謊的路上，並一發不可收拾。

　　父母看到孩子撒謊，不要小題大做，因為，說謊是孩子發育成長的一部分，與孩子的品性無關。加拿大多倫多大學兒童研究所曾對 1,200 名 2～17 歲的兒童及少年進行了實驗研究，最後發現，無論性別和國籍如何，2 歲的孩子中，說謊的人約占 20％；3 歲的孩子中，說謊的人約占 50％；4 歲的孩子中，這個比例高達 80％。年齡越大，比例越高，因為越大的孩子，越想逃避後果。

　　叛逆期的孩子知道，如果說真話，父母會有哪些反應，自己又會受到什麼樣的懲罰。他們逐漸學會了自我保護，除了逃避身體的懲罰或物品、機會被剝奪外，也懂得了如何保護自尊，繼而形成了自我防衛性的反應──說謊。這類孩子為了達到某種目的，就會故意編造謊言，父母一定要重視。

　　當然，有些叛逆期的孩子也會為了獲得父母的誇讚和好處而說謊。這時孩子撒謊的行為就是有意識的，父母要正確引導。

| 下篇　父母從容，孩子心理更健康 |

一、給孩子正面的教導

　　叛逆期的孩子撒謊，多半是為了逃避父母的責罰。比如，孩子考試分數不理想，就會偷偷將分數改掉，換個高分；自己把東西弄亂了，卻撒謊說是別人做的……，這些都是孩子保護自我的一種表現。

　　其實，撒謊對孩子來說，也是件不舒服的事情，他們會感到緊張、心理壓力大等。如果說實話是安全的，他們多半都不會透過撒謊來逃避問題，所以父母要反思自己是否對孩子太過嚴厲了。如果事情已經發生，就要問問孩子，為什麼這麼怕對我說實話？然後，對孩子的緊張焦慮表示認同，並告訴孩子誠實守信的重要性，或主動承認自己犯的錯誤，給孩子鼓勵和肯定。

　　透過這樣的正面教導，孩子就會知道，下次發生同樣的事情該如何做了。

二、耐心地引導孩子

　　有些孩子之所以說謊，是害怕父母發怒。他們本來也不想惹麻煩，更不希望看到父母難過，因此如果孩子確實撒謊了，父母要盡量控制自己的脾氣，鼓勵孩子說出真相。父母要告訴孩子，不要欺騙別人，因為你能騙到的人，都是相信你的人。發現孩子有說謊的跡象，不要立刻對他一再追問，否則孩子可能會用新的謊言來遮掩先前的謊言，不但會進一步讓孩子感到

第十章 品德養成：引導孩子擁有優秀品性

內疚和不安，也會讓父母的情緒無法保持穩定。在這種情況下，最好直接告訴孩子你希望他怎麼做，而不是和孩子進行「辯論」。

父母不僅要多一些耐心，還要給孩子信心，讓孩子知道父母永遠愛他，即使犯錯，也要努力去改正，千萬不要沒頭沒腦地痛罵。

三、對孩子的懲罰不能太嚴厲

說謊，源於個人的自我防禦機制。研究顯示，普通人在 10 分鐘的對話中平均會說 3 個謊，人們每天都生活在謊言之中。在成人的世界裡，人們會將所說的謊言用各種理由合理化，既有好面子的、有白色謊言的，也有吹牛騙人的。既然父母每天都在說謊，為什麼不能包容叛逆期的孩子的謊言呢？在孩子的認知世界裡，他們也需要各種理由讓自己的某些行為合理化。

其實，很多孩子都知道說謊不對，但還是會說謊，原因何在？因為他們懼怕承擔後果。因此，知道孩子說謊了，父母不要嚴厲地責罵孩子，要對孩子們進行愛的教育並讓他們承擔後果。這樣對待孩子，他們往往更容易接受、改正錯誤；使用過激的處理方法，只會讓孩子更叛逆、更愛撒謊。

我要對你說

叛逆期的孩子撒謊，父母要學會控制自己的情緒，不然會讓孩子受到很大的驚嚇，導致孩子的心理出現很大的變

下篇　父母從容，孩子心理更健康

化，最終只會讓情況變得更糟。父母應該尊重自己的孩子，先找出說謊原因，然後再去解決問題，這樣不僅可以解決孩子說謊的問題，還能促進親子間的情感。發現孩子說謊，要正確引導孩子說出實情，並告訴孩子，雖然父母不希望他做錯事，但更不希望他撒謊。孩子受到鼓舞，就能改掉說謊的毛病，逐步養成誠實的好習慣。

幫助孩子克服忌妒心理

叛逆期的孩子都以自我為中心，高估自己的能力，面對挑戰時，卻不知道怎麼辦。時間長了，為了維持自己不會失敗的形象，他們就會逃避困難，自欺欺人。

每個孩子都是獨立的個體，具有獨特的個性，父母引導孩子正確認識自己，孩子才能正確認識這個世界，客觀、公正、準確地認識自己。

李妮在學校有個非常要好的朋友，她們無話不談，下課時間總會在一起說說笑笑，打打鬧鬧，非常開心。但她們的成績卻有著很大的差距，甚至可以說根本不是一個等級的。

李妮是全班前三名，每次的表揚、獎勵、榜樣名單上都會有她，而她的朋友卻與登榜無緣。李妮每次得到表揚都不敢表現出喜悅的心情，而是裝作滿不在乎的樣子。因為她害怕朋友

第十章 品德養成：引導孩子擁有優秀品性

忌妒她的優秀而不再與她做朋友。

在李妮心裡，學習成績好不是優點反倒成了阻礙她與朋友好好相處的缺點。雖然李妮在朋友面前很小心、很低調，可還是沒能消除朋友的忌妒。

一次，李妮數學考了 100 分，全班第一，而她的朋友小菲卻沒有及格。

小菲的媽媽和李妮媽媽還是同事關係，平時小菲媽媽就經常說：

「妳看人家李妮功課這麼好，什麼都不用媽媽操心，妳還跟人家是朋友呢，妳跟她好好學學啊。」

經常被比較引起了小菲的忌妒。小菲開始不愛跟李妮講話，還私下說李妮的壞話，慫恿其他好朋友也不跟李妮玩。

這讓李妮很生氣，於是在教室裡和小菲大吵了一架。

友誼的小船說翻就翻，這都是忌妒心在作祟。叛逆期孩子的忌妒心要不得，父母必須引導他們克服掉。

進入叛逆期，孩子的自我意識開始萌發，特別希望得到別人的關注和喜歡，忌妒心就會由此產生。比如，在自己的圈子裡，一旦發現有人搶了自己的風頭，就會忌妒；朋友處處都比自己強，叛逆期的孩子無法做到心理平衡……。很多孩子都出現過這種扭曲的心理。如果只是輕微的忌妒，短暫的不高興後，孩子就不會放在心上了，反而能實現自我成長；如果忌妒心嚴重，孩子不開心，接受不了別人的優秀，甚至還會做出一些出格的

行為,就會形成一種扭曲心理。父母不及時幫助孩子消除忌妒心,就會影響孩子的心理健康和未來發展。

一、了解孩子忌妒心強的原因

究竟是什麼原因讓孩子產生忌妒心呢?

1. 來自外界的不正當評價。例如,父母經常在子女面前表揚其他孩子、老師以分數作為評定孩子好壞的標準、學生之間的比較等。如果孩子虛榮心強,就會時不時地想得到別人的注意,得到別人的讚揚,成為大家關注的焦點。

2. 有些孩子有強烈的自尊心。孩子重視自己的面子,當別人表現得比自己好的時候,會覺得別人搶了自己的風頭,繼而產生忌妒心。因此,為了提高自己,他們就會想辦法貶低別人。

3. 孩子的個性缺陷。如今,多數孩子都是獨生子女,被父母過度溺愛,凡事以自己為主,虛榮心強。一旦發現周圍的人或曾經處於同一位置的人表現得比自己好,孩子就會立刻感到受到威脅或不公正的對待,想找機會發洩,導致無法適應的狹隘心理。

二、理解並慢慢糾正

孩子總是忌妒他人,就會變得心胸狹窄,少了容忍之心,甚至會記恨他人,走向罪惡的深淵。因此,為了讓孩子保持身心健康,如果發現孩子有了忌妒心,就要給予足夠的理解,並引導他們慢慢糾正。

第十章　品德養成：引導孩子擁有優秀品性

比如，孩子忌妒同學長得漂亮，家長可以這樣做，首先，告訴孩子有這種心理很正常，可以理解，因為你確實長相平平，漂亮的孩子往往更能給人留下好印象；接著，告訴孩子長相是天生的，好的長相只能暫時贏得他人的肯定，而豐富的學識，卻能讓一個人長期得到他人的認可和尊重。由此就能引導孩子將注意力從長相轉移到學業上。

此外，對於叛逆期的孩子，父母還要引導他們進行自我反省，用良好的心態去面對比自己優秀的同學，客觀地看待同學之間的友誼。面對比自己優秀的同學，要讓他們少比較、多學習。多學習對方的優點，不但不會產生忌妒心，還會讓孩子變得更加優秀。

三、樹立正確的競爭意識

有忌妒心的孩子，一般都爭強好勝，父母要引導和教育孩子用自己的努力去和別人比。

競爭的出現，是為了找出差距，更快地進步和取長補短，不能讓孩子用不正當、不光彩的方式去獲取競爭的勝利，要把孩子的好勝心引向正面的方向。

6～12歲通常被認為是培養孩子競爭力的最佳時期，這期間孩子對各種競爭的結果特別敏感。父母應該鼓勵孩子多參加團體活動，在班級、運動場上，參與到有競爭性的活動中。

1. 培養孩子的膽識。膽識就是膽量與見識，有了膽量，孩

> 下篇　父母從容，孩子心理更健康

子才勇於冒險，勇於迎難而上，開拓進取；有了見識，孩子才能增加見識，博學多才，了解現實，並駕馭現實。

2. 孩子自由參加競爭。鼓勵孩子參與某個競爭活動，並不是迫使孩子參與某個比賽項目或為某一團隊效力。如果孩子不想參與競爭或喜歡另一個比賽項目，可以讓他自己決定。在培養孩子競爭意識的過程中，應該讓孩子明白，競爭不是狹隘的、自私的，應具有廣闊的胸懷；競爭不是耍心眼和使用陰謀詭計，應該一起進步，以實力超越；競爭需要合作，沒有良好的合作精神和團隊精神，單槍匹馬的強者是孤獨的，也不易成功。在培養孩子的競爭意識時，要教會孩子正義及公平的精神，讓他們既有勇於競爭的勇氣，也有恪守競爭道德和規則的涵養。

3. 引導孩子公平競爭。培養孩子競爭意識的同時，要培養孩子的運動家精神。有些叛逆期的孩子認為，競爭就是不擇手段地戰勝對方，看對方的笑話。父母要讓孩子知道，健康的競爭關係應該有利於社會，有利於團隊和他人；同學之間的競爭應有利於共同提高。

4. 勝不驕，敗不餒。在競爭活動中，孩子有可能嶄露頭角，獲得名次，也有可能未成功出線，榜上無名。勝利時手舞足蹈，失敗時灰心喪氣，都是缺乏良好競爭意識的展現。父母要教育孩子，勝利了，不能飄飄然，要想到「一山更有一山高」，終點永遠在前面；失敗了，也不是世界末日，關鍵要找出失敗的原因，確定努力的方向。

第十章　品德養成：引導孩子擁有優秀品性

我要對你說

對於叛逆期的孩子來說，忌妒是一種很常見的心理。適當的忌妒心，甚至還是促進孩子不斷進步的動力，家長不要大驚小怪，也不要認為孩子有了忌妒心就是品性惡劣、為人很壞，要用正確的態度面對這樣的孩子。

下篇　父母從容，孩子心理更健康

第十一章
正面情緒：用耐心疏導孩子的情緒

幫助孩子克服憂鬱情緒

　　叛逆期的孩子憂鬱時，隨著想法的改變，對很多事情的態度也會變得消極。例如，孩子平時某項運動做得不錯，突然變得特別討厭它，認為它是世界上最不好玩的運動。

　　憂鬱的孩子無法在眾多選擇中做決定，因為他認為沒有好的選擇；有些孩子則會擺出一種無所謂的態度，甚至還可能產生自殺傾向，但真正去做的並不多。

　　有個女孩正在讀國三，幾個月前竟然因為割腕住進醫院。出院後在家休養，不想上學。每天在家除了熬夜玩手機，就是做各種黑暗料理；把自己吃到撐，還要求媽媽也吃。媽媽無奈地向朋友吐槽：「說實話，她做的那些東西，我吃了都怕中毒。但沒辦法，就這一個孩子，她沒了，我們怎麼辦？」

　　他們夫妻倆教育程度不高，收入普通，覺得在社會上沒有地位，寧願苛待自己，也不捨得讓孩子受委屈。和很多父母一樣，他們希望女兒考上好大學，將來出人頭地。他們的期待聽

> 下篇　父母從容，孩子心理更健康

起來很「樸素」，也不稀奇，但充滿著濃重的「自戀」意味。女兒出院後，父親找一切機會加班，有點空餘時間就出去跑步，盡量減少跟女兒見面的機會。一旦見了，看到孩子的各種跟課業無關的舉動，他就想原地爆炸，無法自持。

憂鬱症是很多孩子的夢魘，一生都擺脫不了。家長要認真觀察，如果發現孩子出現了以下情況，就可能憂鬱了。

睡眠不安。有憂鬱傾向的孩子，一般都很難度過夜晚。如果孩子長時間失眠，一定正在被某些事情困擾。為了改善孩子的睡眠，在睡覺前完全可以跟孩子聊聊天，給他們提供一個說出心裡話的機會。

拒絕吃飯。孩子厭食，往往是情緒出了問題，父母應認真對待。忽視了這個問題，就可能導致飲食紊亂。父母千萬不要強迫孩子吃飯，要改變飯菜的種類，鼓勵孩子幫你做飯……，如果孩子在飲食方面的不良傾向持續了很長時間或體重減輕很多，就要及時去醫院了。

病情反覆。如果孩子嚷著肚子痛或頭痛，但又沒有任何相關的其他症狀，可能就是精神緊張導致。

過度憂慮。如果孩子害怕所有的人和事，越感到軟弱無助，害怕的東西就越多。

長時間壓抑自己的情緒，會產生很多問題。比如，孩子會慢慢失去對自己內心的感知能力，整個人變得麻木，很難與別人達到情感上的共鳴，這種麻木會讓叛逆期的孩子失去想要的

> 第十一章　正面情緒：用耐心疏導孩子的情緒

親密關係。

跟這樣的孩子在一起，別人會覺得他是一個木頭，根本就感受不到他內心的喜怒哀樂，之後會逐漸遠離他。

表面上看起來，這種狀態是一種生存之道，但是它卻會阻礙孩子與別人的親密表達與溝通。而且，這種情緒一旦累積多了，就會逐漸軀體化，以身體上的某種疾病的方式呈現出來；如果孩子不善於表達，就會將這種情緒壓抑住。因此父母要關注孩子的內心感受，引導孩子暢所欲言。

孩子確診憂鬱，不僅要接受定期的藥物治療和心理輔導，父母還應該如何做呢？

一、了解憂鬱的不同狀態，正確對待

憂鬱會導致孩子出現不同的狀態，父母要正確對待。

1. 容易疲勞，就保持生活規律。心情憂鬱的孩子，更容易感到疲勞。為了讓孩子恢復體力，讓孩子天天躺在床上，並不正確。在孩子能接受的情況下，最好讓孩子生活規律。例如，白天睡眠太多，導致晚上無法入睡，就有些本末倒置了。

2. 容易犯睏，就要保持充足的睡眠。筆者建議，晚上 11 點到早上 6 點的睡眠，符合人體生理需求。同時，兒童的生長激素分泌高峰期在晚間 11 點到早上 7 點，因此要確保孩子在這一段時間有良好的睡眠。

3. 飲食不合理，就要均衡飲食。孩子情緒憂鬱，往往伴隨有

進食量不足或暴飲暴食等行為，兩者都不可取。甜食，確實能在短期內改善個體的憂鬱情緒，但是長時間來看，最好不要吃太多。

4. 不要宅在家裡，每天做點運動。運動，不僅可以增加身體的多巴胺分泌，還能增加個體的愉快體驗。這裡的運動要以有氧運動為主，例如羽毛球、乒乓球、游泳、騎腳踏車等。

二、父母的正確做法

孩子出現了憂鬱症狀，父母究竟該為孩子提供什麼幫助呢？

1. 不要指責。不僅是對孩子，也是對父母自身。任何個體心理或情緒問題的發生，都是多種因素共同作用的結果。情緒化地指責孩子，只會傳遞給孩子出一種「我不接受」的訊息，不利於解決孩子的心理問題。

2. 平等對待。要與孩子平等地交流，了解他們憂鬱持續的時間和狀態。如果持續時間超過兩週，且嚴重影響了孩子的課業、生活時，要盡快帶孩子去醫院就診。

3. 理解和陪伴。家人的理解和陪伴是非常重要的，父母要理解孩子、陪伴孩子。為了引導孩子走出憂鬱，父母要積極傾聽。

4. 替孩子安排一點任務。要想讓孩子遠離憂鬱，就要替孩子安排一些小任務，讓孩子感受到更多的「愉快感」和「成就感」。這些任務不用太大，可以很小。例如，每天練習一頁毛筆字。父母要鼓勵孩子嘗試，準備一些獎勵，並在精神上給予鼓勵。

5. 安排有趣的活動。孩子出現不良情緒後，可以帶他們去旅遊；日常生活中，也可以尋找有趣的活動。

三、管理好自己的情緒

生活中，很多父母都會忽視叛逆期孩子的憂鬱。其實，孩子的憂鬱背後往往都至少有一個情緒不穩定、憂鬱和焦慮程度更甚於孩子的父母。而這個人，母親的機率更大一些。因為很多女性長時間身處壓力過大或不幸福的兩性關係中，無法給出健康的母愛和進行精心養育，她們的情緒會影響孩子的健康。

孩子年齡越小，抵禦危機和壓力的能力越差，如果孩子長時間壓力過大和過於疲勞，無論他們身處何地，都會變得越來越容易焦慮。大腦反覆受到憂鬱情緒的影響，只能依靠化學藥品、網際網路或電子遊戲等來暫時逃避。

因此，只要意識到孩子有憂鬱的傾向，就要第一時間和孩子聊聊他最近的感受，找到導致孩子憂鬱的源頭。叛逆期的孩子可塑性很強，對他們來說，只要不是嚴重的憂鬱，在父母的關愛下，都能慢慢得到緩解。

父母平時要多向孩子傳達正面樂觀的情緒，多給孩子一些讚美和鼓勵，多參加一些提升孩子自信心的活動；要有意識地關注孩子的心理狀態，及時給出正確有效的幫助。如果孩子已經患上嚴重的憂鬱症，就要帶孩子到專業的心理治療機構進行治療，越早越好，以免耽誤病情。

| 下篇　父母從容，孩子心理更健康

> **我要對你說**
>
> 父母之間或與長輩之間對孩子疾病的治療要達成共識，尤其是家裡的老人，如果是在一起居住，父母要對長輩的思想做一番建設，對憂鬱的孩子採用一致的治療方法，為孩子的康復營造最好的家庭環境。如果條件允許，還要跟同樣患病的孩子父母建立聯繫，交流對疾病的了解、正面有效的康復措施、自己的感受等，相互幫助，提升認知、相互支持。

冷靜應對孩子的憤怒表現

叛逆期的孩子很善變，也許上一刻還很開心，下一刻就會哭鬧不止。孩子的情緒來得快，去得也快，父母要關注孩子的情緒，一旦孩子生氣摔東西，父母就要立刻糾正。

小雅媽經常跟朋友訴苦，說她每天上班之前都要被女兒折磨一番。媽媽每天7點叫小雅起床，陪她吃早飯，然後8點半出門上班，可女兒每天都不配合。剛起床時，小雅還沒有發脾氣，可一到吃早飯時，小雅便控制不住自己了，大吼大叫、亂扔東西。

開始時，媽媽以為是早飯不合胃口，於是她拿出了小雅最愛吃的小餅乾，可小雅還是發脾氣。之後，媽媽又在早飯時間

> 第十一章　正面情緒：用耐心疏導孩子的情緒

播放了小雅最愛看的卡通片，可這個方法也不奏效。漸漸地，媽媽失去了耐心，同時也有了挫敗感，她認為女兒一定是討厭媽媽，所以才對自己發脾氣。

媽媽決定每天提前出門，不讓女兒看到自己。可後來，婆婆和老公告訴她，這個方法還是失敗了，小雅哭鬧得更厲害了。

發脾氣，是負面情緒的表現，就像開心時孩子會哈哈大笑一樣。但是，在很多人的認知裡，負面的就是不好的，一般都不會接受負面情緒。同樣，當孩子出現負面情緒時，他們也無法接受，於是很多父母只要一看到孩子發脾氣、哭鬧時，就會立刻制止。但事實證明，在不允許有負面情緒的家庭中長大的孩子，心理上往往都存在缺陷。

從本質上來說，孩子亂摔東西，並不是孩子不懂事，其實孩子也知道不能摔東西，但他無法用合適的方式來宣洩自己的情緒。因此，當孩子生氣，想要發洩時，就會摔東西，將不良情緒發洩出去。如果不讓他們這樣做，他們就會找一個可以激怒父母的方式繼續鬧，比如吐口水、說髒話、動手打人等。

所以，如果父母想要讓孩子不發脾氣，首先就要接納他們的負面情緒。

一、了解孩子生氣的原因

叛逆期，很多父母都會感慨：「孩子越大，脾氣也越大了。」為什麼孩子會發脾氣？因為這個時期的孩子，大腦負責控制情

> 下篇　父母從容，孩子心理更健康

　　緒的前額葉皮層的發展，不會像他們的身體一樣快速成長發育，而是發育滯後，孩子們不容易控制自己的情緒。

　　再加上叛逆期的孩子，追求個性化，尋求自我價值，喜歡挑戰已有的家庭價值觀；他們有交往的需求，愛美，在乎同齡人的評價；隨著身體的變化，他們想要進一步探索外部世界，但又不想被父母知道，還會撒謊。父母如果忽略了孩子的這些需求和變化，依然像對幼兒一樣對待他們，他們的脾氣就會像火山一樣噴發。

　　此外，叛逆期的孩子之所以要摔東西，多半都是要引起父母的關注，渴望愛與幫助。

　　放學後，在距離學校不遠的地方有幾個同學互相打起來，四名同學每個同學都踢了安安一腳。安安覺得力量懸殊，自己毫無還手之力，於是立刻逃走。回到家裡，他心情沮喪煩悶，想好好跟媽媽說一下今天發生的事情。

　　媽媽在廚房裡做晚餐，安安剛講了一半，媽媽就責怪他說：「我好忙，你就一直在外邊招惹是非，功課也不認真，人家不踢你，踢誰啊？一定是你哪裡做得不好。」

　　安安把後面要講的話吞了回去，憤憤地回到了自己的房間，關上門，生起了悶氣，他不明白今天發生的事，只是因為他把那個平時關係不太好的同學桌子上的一疊書本碰倒後，桌上水杯裡的水灑出來了，就發生了今天放學的這件事……。他也道歉了，可他們就說他是故意這樣做的……。

第十一章 正面情緒：用耐心疏導孩子的情緒

那天晚上安安沒有吃飯，媽媽又說了很多話，他一怒之下朝媽媽吼了幾聲，那晚特別不開心，第二天他跟媽媽說他不想上學，在家休息兩天……。

經過幾次這樣的事，安安越來越沒自信，慢慢地，他覺得自己做什麼都不對。

人際關係也越來越糟，甚至每科老師課堂上的提問，他都懶得回答，成績也開始下滑，班導師幾次找他談話，他只是沉默，沒有應答，這樣的他在家裡，也經常無端地發脾氣，看誰都不順眼，他不再想傾訴……。

想想看，是憤怒可怕，還是關閉與父母愛的通道更可怕？

二、憤怒背後是愛與信心的匱乏

很多父母覺得孩子在發脾氣，控制不住情緒時會變得很可怕。其實，憤怒本身就是一種情緒，其中還包含著一種自尊自重的力量，同時這種力量還能使父母改變。當孩子生氣時，父母要理解這種行為背後的需求，即是為了引起父母的關注，還是希望父母以平靜溫和的態度與他交流，給他們提供愛的支持和幫助？

孩子生氣摔東西時，父母唯一需要做的也許就是閉嘴，減少對孩子的打擾。可以主動給孩子一個擁抱，或安靜地陪他一會兒，讓孩子合理地表達憤怒，讓憤怒適當地宣洩出來，引導孩子重新回到自愛和自重的狀態。

孩子情緒緩和下來後,事情還沒結束,要引導孩子說出自己的感受。這裡,要堅持四個原則——不強迫、不評判、不下定義、不貼標籤。為什麼這麼做?因為有時候孩子也需要有個臺階,而願意表達情緒就是這個臺階。

如果孩子願意說,父母就認真聽,然後用開放式的問題引導他們說出自己的感受,比如:「你的心情怎麼樣?」、「這樣做,你感覺好點了嗎?」不要把孩子的情緒定義為「不開心」、「生氣」、「煩躁」等,然後耐心傾聽。慢慢地,孩子的情緒就會平穩下來,無力感也會慢慢消失。

三、呼應並接納,與孩子共情

父母要允許孩子有情緒,接納他們的不開心,引導他們採用正確的方式宣洩不良情緒。

孩子處於叛逆期,遇事容易急躁,不懂情緒管理,這些都是正常現象。有些父母對孩子提出的要求很高,認為他們應該學會控制,不能發脾氣。孩子無法正常表達情緒,遇到不開心的事情,強裝著開心,只能將負面情緒都堆積在心裡。時間長了,就會變得越來越不自信,越來越孤獨,越來越憂鬱。

父母嘗試和孩子溝通,就能與孩子產生共情。

站在孩子的角度描述他的心情:「剛才你一定是很生氣,才會摔東西的吧?」引導孩子說出摔東西的原因:「你之所以要摔東西,是因為覺得媽媽哪裡做錯了嗎?」

第十一章　正面情緒：用耐心疏導孩子的情緒

然後，跟孩子一起討論解決問題的辦法：「你覺得現在應該怎麼辦呢？」當孩子意識到自己的錯誤並願意承擔後果時，就可以到此為止了。

懲罰孩子的目的，就是要讓孩子意識錯誤，承擔責任。繼續用懲罰的方式讓孩子就範，跟孩子發脾氣毫無差異。父母要做的，就是控制好自己的情緒，保護好孩子的幼小心靈。

我要對你說

如果孩子正在發脾氣，為了避免正面衝突，父母可以先離開，讓大家都冷靜一下。等孩子的情緒稍微平復了一些，再和孩子坐下來好好談談。首先，應該告訴孩子，有什麼需求或想法，可以透過語言表達出來。孩子透過摔東西來發洩情緒，父母一定要堅定地阻止，讓他明白你的底線是什麼。其次，可以引導孩子將心裡話寫出來，這也是一種釋放情緒的好方法。

化解低落情緒，避免罪惡感

近年來，孩子輕生的事件越來越多，青少年的情緒問題漸漸受到社會大眾的關注。研究顯示，三分之一的青少年都會出現一些明顯的情緒困擾症。如果他們不能妥善處理這些困擾，

> 下篇　父母從容，孩子心理更健康

學業表現和人際關係都會受到影響。

　　12歲的小娟最近的情緒比較低落。每天放學回家後，除了吃飯的時間，她都躲在房中，很少和父母聊天。她向來喜歡唱歌，但這段日子也不怎麼感興趣了。很明顯，小娟有很強的失落感。

　　事情的起因是她的兩位摯友都因家庭遇到經濟問題，在不久前轉學了。她們自一年級開始同班，由於興趣相近，漸漸成了很要好的朋友。她們的離去，對小娟的打擊很大。

　　起初，父母理解女兒失去摯友的心情，便安慰她說：「好朋友會有很多，不要為這些小問題而煩惱。」可是，小娟的情緒一直沒有好轉。父母後來對女兒的表現實在不耐煩。當他們看到女兒的成績大幅度下滑時，更是怒火中燒。

　　小娟對成績的下降，沒做什麼解釋。父母開始忍不住了，便指責她不上進。媽媽說：「妳這兩三個星期以來，都是苦著臉。妳看，成績又退步了這麼多。妳怎麼可以為兩個同學轉學，便弄成這個樣子。」這當然反映出媽媽的不滿，但小娟聽在心裡，除了覺得媽媽不理解她外，實在於事無補。

　　媽媽後來找老師求助。在聽了媽媽的話後，老師表示明白她的心情，但也指出，父母的不安已令他們做出了一些無助於解決女兒問題的行為。老師這番話，說出了母親的心聲。事實上，父母的厭煩、無助和恨鐵不成鋼，的確將他們對女兒的關懷轉化成了排斥。

　　情緒低落是每個人都會遇到的問題，在叛逆期，這種情況

第十一章　正面情緒：用耐心疏導孩子的情緒

更常見。當孩子情緒低落時，父母應該接納孩子的感受。

但現實中，很多時候父母都會輕視困擾孩子的事情，例如，孩子會為朋友的一句話、老師對其他同學的稱讚、失去一件小禮物等，情緒低落好幾天。多數父母會說「你不要這樣小氣」、「有什麼大不了」、「不要為雞毛蒜皮的事而不開心」等，但在孩子看來，這些事情可能確實很重要。父母這些話，只會令孩子覺得父母不了解他們。因此，父母盡量不要說否定孩子感受的話。

叛逆期，孩子的情緒和大人沒什麼不同，只不過是高低起伏的頻率比較大，表現得更明顯一些。有的父母希望孩子永遠開心幸福，但孩子總會遇到各種問題甚至挫折，孩子情緒低落，如果嘗試鼓勵還是無法讓他們開心起來，就可以採用另外一種方式幫助孩子走出谷底。

性格決定命運。孩子遭遇挫折和打擊時，如果能夠用自己的力量重新站起來，距離成功也就不遠了。叛逆期的孩子勝負心都很強，有時會因為玩遊戲輸了而哇哇大哭。要知道，對於孩子來說，遭遇挫折並不是什麼壞事，孩子的自我恢復能力都很強，引導他們走出情緒谷底，遠比父母的鼓勵效果更好。

一、孩子因成績差而失落，就讓他們感受輸的滋味

孩子因為成績差而大哭或感到失落，父母不用太過自責，更不能故意讓著他們，要讓他們在學業中體會到挫折未嘗不是

好事。孩子的難過來得快去得也快，看到孩子成績不好，父母不要故意逗他們開心，否則會讓孩子對外人的鼓勵產生依賴，覺得自己失敗了就需要對方來哄。

二、孩子遭遇挫折而失落，可以用自己的故事開導他

孩子在學校遇到了難題或挫折，回家之後鬱鬱寡歡，父母就可以用自己的故事來開導他們。這個時候，直接告訴他們解決方法，不一定是最好的，因為孩子的問題終究還是需要他們自己解決，他們最需要的是感同身受的理解。將發生在自己身上的事情告訴孩子，不僅能讓孩子明白父母是理解他們的，更能讓孩子覺得自己不是一個人。一旦孩子意識到父母也有過類似經歷，就有信心和力量去解決問題了。如果父母自己沒有經歷過，也可以講一些人們都知道的名人故事，開啟孩子的思維，讓孩子思考自己的問題該怎麼解決。

三、因換了新環境而失落，就要給孩子更多的陪伴

成長必然伴隨著環境的變化，無論是搬家、轉學等個別現象，還是升學等，孩子都要進入新環境，都要面臨新挑戰，都會產生巨大的壓力。

對於叛逆期的孩子來說，最大的挑戰就是搬家或轉學，到了新的環境，多數孩子都會產生失落和牴觸情緒。要知道，在新環境中孩子最熟悉的只有父母，父母要盡可能地陪伴孩子，賦予孩子們認識新朋友的力量。

第十一章　正面情緒：用耐心疏導孩子的情緒

孩子回家後，可以問一問他們，今天在新學校發生了什麼有趣的事？當孩子說一些開心的事情時，父母要多鼓勵，讓孩子明白新環境並不是永遠陌生的，等熟悉了之後，就會結交新朋友，遇到新鮮的事物。

父母要帶領孩子走出谷底，不要用責備的語氣指責孩子膽小懦弱，否則，不僅不利於問題的解決反而還會加重孩子的畏難情緒。

> **我要對你說**
>
> 孩子情緒低落時，父母要接納孩子的感受，不宜給孩子太多的安慰。很多父母都抱有誤解，以為對孩子說「想開點吧」、「事情會好起來的」、「不要胡思亂想了」等安慰的話，他們的心情便會好些。父母的用心，無非是希望孩子不再苦惱，但事實上，孩子的心情是不會因這些安慰而立刻恢復的。支持孩子的最佳方法，就是耐心聆聽他們的感受。父母應找時間和孩子私下談談，了解他們的心情。

教導孩子擺脫「玻璃心」

心理學家調查顯示，不少青少年，都有不同程度的「玻璃心」。遇到責備就不高興，遇到挫折就逃避，遇到失敗就承受不

> 下篇　父母從容，孩子心理更健康

了⋯⋯。處於叛逆期的時候，很多孩子心理都比較脆弱，家長話稍微說重了，淚水就在眼眶裡打轉。當然，這還是輕的，有的孩子情緒無法控制，甚至會做出一些過激行為。

舉兩個例子——

週末，媽媽讓已經上國二的女兒洗碗，結果等晚上吃飯的時候，拿碗盛飯，卻發現碗根本就沒洗乾淨，媽媽只好重洗了一遍。坐在餐桌邊，媽媽開玩笑似的說：「女兒，你今年幾歲了？」女兒一臉茫然：「13歲啊。」然後，媽媽拿起一只空碗：「13歲？碗洗成這樣？」女兒看著媽媽的神情，覺得媽媽是在笑自己，於是默默地低下頭，眼眶很快就紅了。

春節期間，男孩得到了很多壓歲錢，媽媽想像往常一樣替他保管，結果男孩卻沒給她。媽媽當著親戚朋友的面說：「怎麼，馬上就國中畢業了，感覺自己長大了，不讓我管了！」男孩的臉立刻就紅了。然後默默地走出門，半天都沒回來，直到晚上吃飯時，家人才發現他不在。全家總動員，最終在一家網咖找到了他。

孩子的生活條件越來越好，為什麼他們卻越來越「玻璃心」了？

玻璃心，說白了，其實就是內心脆弱，他人不經意的一句話，都會讓孩子們倍感屈辱，難以忍受。在叛逆期的孩子中，這種現象很普遍。只不過有些孩子表現得明顯，有些孩子不太明顯罷了。

眾所周知，人的一生不可能一帆風順，甚至可以說我們就

> 第十一章　正面情緒：用耐心疏導孩子的情緒

是在挫折中慢慢長大的。然而，有些人面對挫折時能夠愈挫愈勇，能夠將挫折轉化為前進的動力；而有些人卻在挫折面前慢慢沉淪，最終被挫折擊倒。這背後，就隱藏著一顆強大或脆弱的心。培養孩子的強大內心，是叛逆期教育中不可迴避的重要一課。

一、了解孩子玻璃心的原因

叛逆期的孩子，為什麼會玻璃心？

1. 安全感缺失。叛逆期的孩子都有對安全的渴望，他們心智不夠成熟，雖然渴望獨立，但對於父母有著物質上的依賴，內心往往處於順從和對抗的矛盾中。因此，他們的情感會更加豐富和敏感，心理安全的需求更強，表現在行為上就是玻璃心。特別是從小缺乏父母陪伴和關愛的孩子，這種表現就會更加突出。

2. 自我認知產生偏差。自我認知強的孩子，對自己的能力都能有正確的認知。但是，叛逆期的很多孩子容易走上兩個極端，一是過於自信，覺得自己無所不能，但只要看到別人比自己更強，就難以接受；二是過於自卑，總是懷疑自己的能力，不相信自己可以做好，在其他人面前表現得畏首畏尾。兩種極端的心理狀態，會讓孩子過於在乎他人的看法。

3. 突發事件影響。孩子進入叛逆期以後，會對自己的變化感到困惑，會產生不同的心理反應。比如，出現了第二性徵，有的孩子可能會感到難為情，導致過於敏感不自信。有的孩子

受到外在因素的影響,比如校園霸凌、父母關係不和等,孩子會性情大變,無法承受壓力。

4. 父母的溺愛。父母將孩子視為掌上明珠,對孩子的一切行為都會予以表揚和稱讚。有些父母的表揚甚至毫無原則可言,即使是很平常的舉動,也要大肆讚揚。在這種氛圍下成長的孩子,缺乏承受挫折的能力,缺少被批評的經歷,進入叛逆期後,隨著心理的逐漸成熟,一旦被他人批評,心理上會難以接受。

二、不要讓孩子太看重自己

叛逆期的孩子,一般都比較自我,已經有了自己的想法,甚至覺得自己是正確的,他人都是錯的。一旦他人表現出對他們的不認可或不滿意,他們就會覺得心裡不好受。

做事的時候,孩子總是小心翼翼的,希望自己能夠把事情做好。或者總是覺得自己對其他人非常重要,如果自己出了差錯,這個世界似乎就會亂套。其實,世界很大,離開任何一人,都能正常運轉。將自己看得太重,會讓孩子鑽進自負的牛角尖,繼而變得鬱鬱不得志。

每個叛逆期的孩子都是普通人,沒有誰是特別重要的,也沒有誰是可以被忽略的。無論是在家裡還是學校裡,都要讓孩子明白自己的位置,做好該做的事情就行。對於這類孩子,父母要告訴他們:「不要過於看重自己,也不要過於看重事情的結果」。

第十一章 正面情緒：用耐心疏導孩子的情緒

三、讓孩子早試錯

想讓叛逆期的孩子不那麼玻璃心，當他們感情用事的時候，父母要多一點理性，儘早讓孩子接受試錯教育，並且越早越好。

在保證安全的前提下，可以讓孩子做一些可以做的決策，讓他們知道在自己做決定的真實世界裡，每個決策可能帶來什麼樣的後果，應該怎麼做才是正確的。此外，還要讓孩子去處理生活上的一些事情，讓他們自己的事情自己做，鼓勵他們嘗試沒有做過的事情，讓孩子去獨立生活，去經歷各種失敗，與挫折「交手」。這時，家長只要鼓勵孩子，讓他們端正心態即可。

我要對你說

很多孩子的玻璃心，源於對他人看法的過分在意，聽到別人誇獎，心裡就樂開了花；被別人批評，就急得跳腳，老虎屁股摸不得。父母需要告知孩子，首先要做一個獨立的人，有自己的想法和個性，如果每個人都一樣，世界就顯得過於單調。其次，要告訴孩子，很多事情都沒有統一的標準，別人的意見只能代表別人，你可以作為借鑑和參考，但不能全盤接受。

下篇　父母從容，孩子心理更健康

第十二章
和諧親子：慈愛有度，建立良好關係

減少嘮叨，理解孩子的反感

父母嘮叨孩子，看起來是不斷糾正孩子的行為，為了孩子變得更好，但是父母不知道的是，父母越嘮叨，孩子越差勁。這裡有一個關於美國著名小說家馬克吐溫（Mark Twain）的故事：

有一次，馬克吐溫聽牧師的演講，他深受感動，打算捐款聊表心意。

但是，10分鐘過去了，牧師還沒有講完，馬克吐溫有些不耐煩了。又過了10分鐘，牧師還是嘮嘮叨叨講個沒完，馬克吐溫決定不捐錢了。

過了很長時間，牧師終於講完了，馬克吐溫的耐心被徹底消磨完，他不僅沒捐錢，出於氣憤還從盤子裡拿走了2元。

這件事情就很好地驗證了一個心理現象——超限效應。具體地說，刺激過多、過強或作用時間過久，越容易引起聽者的不耐煩，甚至是反抗心理。因為，人接收訊息，第一次聽到最新的訊息時，對大腦的刺激最大，產生的印象也最深。但是當

> 下篇 父母從容，孩子心理更健康

內容反覆出現的時候，大腦就會自動封鎖、抵制這些內容。

生活中，總會遇到這樣的場景。比如，早上，父母催孩子起床、洗臉、刷牙、吃飯、上學；晚上，父母催孩子寫作業、吃飯、複習、睡覺……。上學前，好心提醒孩子「今天有雨，記著帶雨傘」、「要降溫了，把羽絨服穿上」，最後多數得到的孩子的回答是「知道了，囉唆」。

如果讓孩子們票選父母最令人討厭的行為，「嘮叨」一定會上榜。

一次，我去閨蜜家做客，真正見識到了父母嘮叨孩子是什麼樣子。我在閨蜜家待了一個小時，閨蜜一直都在不停地嘮叨孩子：「怎麼不去寫作業，整天就知道玩」、「玩完了，怎麼不知道收一收？」、「昨天剛幫你收拾完的床，現在又亂得跟豬窩一樣」……。

從一定意義上說，父母對孩子的嘮叨，是一種不信任，且帶有指責的意味，是父母不善於控制自己的情緒，將自己的期望和不滿情緒發洩到孩子身上。長此以往，父母就會將自己的不信任傳遞給孩子，孩子就要承受父母的心理壓力，變得不自信。孩子的負面情緒累積太多，他們的性格和人格的發展就容易受到影響。

話太多，就會將自己的話變成白色噪音，並不能讓話進入孩子的頭腦裡。所以，父母平時要少說話，遇到重要情況，只要跟孩子談一次，解決問題即可。

第十二章　和諧親子：慈愛有度，建立良好關係

孩子進入叛逆期，都不喜歡父母囉唆，實在忍不住了，有些孩子甚至還會頂嘴。父母感到不解，自己辛苦帶大的孩子，居然嫌自己嘮叨，翅膀還沒有長硬，就想飛了。其實，主要原因在於，孩子聽多了重複的話，煩了；父母沒看到孩子的成長，忽視了他們的感受。

總是嘮叨孩子，帶來的危害不容小覷。

親子關係越來越差。叛逆期的孩子最討厭父母的嘮叨，一方要說，一方不願聽，時間長了，雙方必然會爆發爭吵。導致親子之間很難溝通，關係也會變得越來越差。父母無法控制自己，親子之間的矛盾就會越來越尖銳，彼此更會漸行漸遠。孩子越來越不聽話。心理學上有個著名的「莫非定律」（Murphy's law），意思就是，你擔心的事情，早晚都會發生。同樣，在家庭教育問題上，也可以說成，你不讓孩子做的事，他早晚都會做。只要留心觀察，慢慢地就會發現，父母越嘮叨，孩子反而越不聽話。隨著年齡的成長，孩子的獨立意識會越來越強，父母經常嘮叨，孩子會感到巨大的束縛，覺得自己不自由。叛逆期的孩子一旦覺得被束縛，就會反抗，繼而變成父母眼中「不聽話的孩子」。

孩子變得容易生病。父母嘮叨的內容不外乎這幾個，孩子的課業、孩子的行為習慣、孩子不聽話等。父母經常嘮叨孩子，會帶給孩子巨大的精神壓力，對孩子的免疫功能造成負面影響，繼而引發疾病。孩子長時間承受著巨大壓力，不僅會傷害到他們的身體，還可能影響到他們的大腦。

叛逆期的孩子自我意識增強，自尊心強，想做獨立的自己，即使知道自己有錯，也不願意主動低頭，多半都會把責任推給別人。其實，只要孩子沒有什麼過激的言行，沒有突然改變以往的生活習慣和交往人群，就不要過度嘮叨，父母一定要盡量多與孩子溝通。

一、抓住教育時機

古人講「天時地利人和」，對孩子的教育，時機非常重要。叛逆期的孩子思想還比較單純，喜歡將自己的喜怒哀樂都表現在臉上，只有在高興時，才會接受父母講的道理。反之，如果他們不高興，即使家長說得再起勁，他們也聽不進去。

首先，要充分了解孩子的情緒現狀，然後以此為依據，選擇溝通時機。

其次，不能只顧自己嘮叨，要讓孩子辯解，讓孩子將自己真實的想法表達出來。

尊重孩子是提高教育效果的前提，只有孩子覺得自己被尊重，他們才會接受父母的說教。

二、不要過度關注

如果你喊不動孩子，自己說了數百遍，孩子依然不聽不改，首先就要反思一下自己是否對孩子控制太多，是否干預了孩子做的每一件事。如果你真是這樣的父母，說明你的內心是焦慮的，控制欲太強，對孩子關注太多，太重視自己的意見。這

第十二章　和諧親子：慈愛有度，建立良好關係

些情況，是不利於良好親子關係的建立的，因此父母要調整心態，多給孩子一點自主權。

成長，主動權依然掌握在孩子自己手中，要讓他們創造機會，讓他們去探索、去嘗試、去試錯、去思索。父母只要在他們身旁當好建議者即可，即鼓勵他們獨立做事、自己判斷、自己選擇、自己決定，把跟孩子有關的事情交給他們，在孩子真正需要你的意見和提醒時，給出原則性建議即可。

叛逆期的孩子需要時間去跟自己對話，也需要有自己的私密空間，整理自己的情緒。孩子生活與學校的事，完全可以讓孩子自由安排，父母要鍛鍊孩子的自主能力，不能一手全包。

三、改變說教方式

多數家長之所以對孩子嘮叨，就是希望孩子聽到說教後，端正自己的言談舉止，只不過，多數嘮叨不僅沒有造成應有的作用，還對親子關係造成了負面影響。其實，教育孩子，不一定要用嘮叨的方式。如果你的嘮叨已經無法發揮作用，不妨試試其他方式。比如，寫信或留言給孩子。很多時候，一些無法說出口的事情和感情，都可以用寫信的方式告訴孩子；也可以用留言或發簡訊的方式。文字型的表達方式，不僅可以很好地表達自己的感情，還能避免尷尬，以免引起不必要的爭端。

我要對你說

父母總是在孩子面前嘮叨，重複的次數越多，孩子能夠吸

> 收和攝取的東西就越少，執行力也會變得越來越差。因此，如果想讓孩子很好地完成某件事，聽話一些，父母平時就應該語言簡潔，且不再重複，這樣效果反而會更好。

面對對抗，順勢引導

在育兒過程中，每個父母可能都會遇到類似情況。讓孩子寫作業，他偏偏要再玩一下子；讓孩子不要看電視，他卻當作耳旁風……。

每天對孩子千叮嚀萬囑咐，不准做這個，不許去那裡，但孩子總是跟你作對，總是挑戰你的權威。

很多父母覺得，孩子冒犯家長，就是不聽話或調皮的表現。其實，當孩子和你「唱反調」時，恰恰是教育的最佳時機。這時候，父母的態度如何，影響著孩子未來的發展。

曾發生過一件令人惋惜的事情──

一個 14 歲的男孩在家中與父母爭吵不休，一時情緒激動，從樓上一躍而下。母親看到這一幕，直接嚇傻了，心痛到連哭的力氣都沒有了。其實，母子倆本沒有大衝突，只是因為作業問題。

母親看不得孩子不認真的學習態度，接受不了孩子成績平平的現實，焦慮急躁，進而痛徹心腑。母親一時情急把孩子

第十二章　和諧親子：慈愛有度，建立良好關係

的作業全部撕掉，還把孩子的手機狠狠地往地上一摔。孩子反抗，和母親頂嘴，母子倆隨即開始針鋒相對。

母親最後直接大罵：「我上輩子作孽，生了你這種兒子，真不如當初掐死你，死了也不用氣人了。」男孩也暴躁到極點，跑到窗戶邊跳下，還說了一句：「妳別後悔就行。」

一條鮮活的生命，就這樣在母親面前消失了。很多父母都認為叛逆、唱反調、不聽話是孩子的問題，卻很少有人審視自我。

孩子和父母作對，父母暴跳如雷，心生疑問：「為何總跟自己作對？」其實，這是孩子的獨立意識、自我意識增強了，是孩子「成長」的表現。在個性方面，他們更有主見、更自信，更具有創新能力。打罵孩子，迅速把孩子打壓得「瞧不起」自己，會讓孩子早早失去銳氣。孩子完全失去管控，與父母作對，父母就會感到焦急。

一、孩子與父母唱反調是常態

叛逆期的孩子正經歷著身體的快速成長、行為模式的改變和自我意識的建構，只需要經過幾年的時間，就能完成身體各個方面的發育，達到成熟水準。他們身心健康，崇拜力量，但他們的心理發育卻相對滯後，身心處在一個不平衡的狀態中，很容易引發各種衝突。

十多歲的孩子，父母年齡一般在四十歲左右，就是人們通

常所說的「中年」。中年以前，人生的主要脈絡是奮鬥、打拚，以及展望未來；中年之後，人們更看重的是穩定的收入、健康的身體和良好的家庭關係。

一邊是接受新事物、觀念更新快、思想開放、創造性強、勇於嘗試、勇於冒險的叛逆孩子；一邊是對新事物和新觀念反應遲鈍、不願冒險、言行謹慎、處事沉穩的中年父母。雙方一定會產生思想和行為的差異，這種差異很難調和，溝通管道不暢，衝突就不可避免地發生。

這時候，孩子不再將父母所說的每句話當作權威，也不再認同父母所做的每一件事情，他們有自己的想法，不會盲目服從父母的命令，只會對父母的約束心存不滿。如果父母無法在短時間內做出調整，依然採用老一套教育方式來管教孩子，就會在大人與孩子之間造成溝通障礙。

二、父母堅守底線，不要縱容孩子

叛逆期的孩子求知欲很強，具有一定的探索精神，思想活躍、興趣廣泛，喜歡與眾不同和獨具一格；他們急於擺脫對父母、老師和教材的依賴，會對別人的觀點、態度和意見做出審查，不會輕易接受別人的觀點。

強烈的求知欲和探索精神確實能激發孩子的學習熱情，提升孩子的思維能力，但由於認知和思維的局限，他們經常會被事物的個別特徵和外部特徵所迷惑，無法真正了解事物的本質，

第十二章 和諧親子：慈愛有度，建立良好關係

不能全面地、辯證地分析和解決問題；他們的思想容易偏激、行事容易極端，而這也是孩子不停地與父母對抗的另一個重要原因。

孩子對抗父母時，父母會使用很多方法，如果孩子不妥協，最後父母只能崩潰妥協。這時候，父母的妥協就是對孩子的縱容。因此，在教育孩子時，父母要堅守自己的底線，爭取讓孩子站在自己一邊，然後告訴孩子為什麼不行。

孩子在對抗父母、做錯事時，父母要用溫和的態度讓孩子知道，父母說「不可以」時，是真的「不可以」。

這時候，父母要注意以下三點——

不要用嘲諷、侮辱的語言讓孩子妥協，否則只會增強孩子的對抗心理；父母告誡孩子後，不要再給孩子更多的關注，要給孩子提供獨處的機會，讓他們想明白道理；父母態度要堅決，不要孩子撒個嬌、哭幾聲、一頓不吃飯，就立刻妥協。

要讓孩子知道，「對抗」毫無用處，經過兩三次後，孩子就不再用這種行為來「獲取關注和權利」了。

三、拋棄所謂的權威，與孩子做朋友

很多父母認為，孩子要絕對聽從自己，這是父母應有的權威。他們喜歡命令孩子，甚至不分時間、場合地對孩子進行說教和責備。其實，父母的權威並不是透過強權得來的，而是透過與孩子的平等溝通，在得到孩子的尊重和信任後才慢慢具有

下篇 父母從容，孩子心理更健康

的。父母只有放下身段，才能給自己帶來真正的權威。

雖然父母和孩子在教育程度、眼界、認知能力和精神特質等方面存在很多差異，但並不影響父母和孩子建立良好的親子關係，因為大家的目標是一致的，都是為了孩子（自己）健康成長。目標相同，就能產生合力，而父母和孩子剪不斷的血緣關係，都會讓這個合力造成作用。

父母與孩子的衝突不只展現在課業上，還更多地展現在日常生活中。以穿衣為例，父母總是讓孩子「多穿點，別著涼」，然而多數孩子根本不會聽從父母的意見，甚至有些本準備多穿點衣服的孩子，聽到父母反覆這樣說，也會不再多穿衣服。

父母將孩子當三歲孩子看，會剝奪他們企圖跳出舒適圈的權利；反之，如果你能將部分自主權交給孩子，不做太多干涉，適當提點，孩子就能得到心理的滿足，繼而對默默支持自己的父母產生信賴感。

我要對你說

叛逆期的孩子渴望被尊重，不喜歡被控制，父母要給孩子足夠的尊重，把孩子當成平等的個體。在親子教育中，只有走進孩子的心裡，與孩子產生共情，才會有好的教育結果。父母尊重孩子，孩子長大後也會尊重父母；父母喜歡壓制和安排孩子的生活，孩子不但會失去快樂和自我發展的動力，還會對父母產生怨恨，從而事事唱反調。

第十二章 和諧親子：慈愛有度，建立良好關係

巧妙應對孩子的頂嘴行為

頂嘴是孩子成長過程中必然會出現的一種行為，父母完全沒必要將這件事看得太嚴重，因為這並不是十惡不赦的行為，反而應該將它當作孩子成長的一部分。

小棋現在上國三，杜女士發現，女兒越來難越管，現在和她說什麼都不聽，還頂嘴，她說一句，女兒有三句等著她。馬上就要考試了，杜女士對小棋說，無論多忙，晚上不要太晚睡覺，因為身體要休息，太晚睡對身體不好，早點睡才可以保持精力，學習效率才會更好。可是小棋就是不聽，吃完晚飯後，一下子看電視，一下子吃東西。

杜女士讓她寫作業，她說作業不多，半個小時就能完成。杜女士讓她盥洗，她說明早洗就行，反正今晚洗了，明早還得洗。

杜女士讓她早點睡覺，她說睡不著，與其這樣倒不如看一下電視再睡。

杜女士看到女兒總是跟自己頂嘴，又氣又惱，但也毫無辦法。

杜女士很納悶，明明自己有道理，孩子為什麼不聽？孩子小時候很聽話，是個乖乖女，但大一些了，尤其上了國中，到了叛逆期，更熱衷於跟自己頂嘴了，真是傷腦筋。

隨著孩子一天天長大，很多父母都會漸漸覺得孩子不如以前聽話，變得難管了，還動不動就與大人頂嘴，大人說東，他

> 下篇　父母從容，孩子心理更健康

偏說西——似乎家長說的都是錯的，他的想法才是對的。

孩子進入叛逆期的明顯表現就是叛逆，會時不時地跟父母頂嘴。這時，孩子有一種很強的不服氣心理，個性也比平時強很多，思想也要複雜一點，父母不顧是非曲直，責罵孩子，孩子就會頂嘴。

教育專家說：「暴力只會教導暴力，焦慮教導焦慮，而和平則教導和平，愛教導愛。」其實，孩子頂嘴，並不是要挑戰父母的權威，而是為了表達自己的思想。

一、了解孩子頂嘴的「潛臺詞」

潛臺詞一：「我長大了，可以有自己的要求。」

比如，小男孩一再跟父母強調自己 5 歲，一直說玩具是他的，其實他是在暗示媽媽，自己已經長大了，自己的玩具由自己控制，不能強迫他去附和爸媽的決定。因為他們也對父母有新的「要求」：尊重他的想法，詢問他的意見，把他當成大人看待。

出生於 20 世紀的我們，小時候什麼事都聽爸媽的，如今組建了自己的家庭，有了自己的孩子，為何還要把自己經歷的不愉快讓孩子們再經歷一遍，豈不是又是一輪「循環」？允許孩子表達自己的意見，即使孩子的認知是錯誤的，也要在孩子說完後再進行指點，這樣的溝通才是有效的。

潛臺詞二：「希望爸媽以身作則。」

孩子頂嘴一般來說都有原因，有時候就是因為自己爸媽的

第十二章 和諧親子：慈愛有度，建立良好關係

緣故。比如，吃飯時，本來孩子要看電視，爸爸卻以耽誤吃飯為由關掉了電視。結果下次吃飯時，爸爸卻主動開啟電視看。這樣的「待遇」反差，會讓孩子覺得不公平，下次一旦爸爸再關掉孩子看的電視，孩子必然會反抗。

對孩子提出高要求時，父母也需要高要求地對待自己，讓孩子更加信服。只要父母以身作則，孩子就會對父母的管教少了質疑，不會再進行反駁。

潛臺詞三：「媽媽，快注意我。」

父母忙於工作，經常會忽略了對孩子的照顧，意識到孩子出錯後，再去訓斥孩子，孩子會更反感。其實，孩子之所以會進行如此強烈的反駁，就是在表達自己內心的不滿，畢竟父母太專注工作而忽視了自己的存在，讓孩子沒有安全感。為了在父母面前刷存在感，孩子就會跟父母頂嘴。

二、學會兩句話，減少孩子的頂嘴

父母學會下面這兩句話，孩子就能少頂嘴。

1.「我知道你生氣，但我們先冷靜一下，等會兒再討論。」

父母與孩子爭吵，會讓自己顯得特別不成熟，因此為了讓孩子承認錯誤，就不要一意孤行地憑藉父母的權威去威嚇他們。畢竟隨著年齡成長，孩子也會有自己的思想，做事情不再憑藉本能，已經有了動機和思考。

孩子開始頂嘴，說明他們的情緒已經十分激動，而作為成

年人,更應該冷靜下來。強迫孩子認錯,只會讓場面變得更加緊張,雙方矛盾也會越來越尖銳,最終只會鬧得不歡而散,孩子也不會再信任父母,更不會親近父母。

2.「不要輕易說我討厭你,你要表達的是自己的不滿和不開心。」

當孩子被激怒、情緒激動時,往往都很難控制住自己的語言和動作,除了頂嘴,只會用「我討厭你(爸爸/媽媽)」來表達自己的憤怒或傷心。這種言語就像一把雙刃劍,孩子一旦將這句話說出來,不僅自己會感到痛苦,父母也會覺得受傷害,如同心裡被扎進一根刺。因此,在孩子說出這句話時,父母不能打罵孩子,應該提醒他們,不要輕易對父母說「討厭你」。

三、冷處理,多鼓勵

叛逆期的孩子之所以會頂嘴,多半是因為平時得不到父母的關注,得不到父母的愛,為了讓父母將注意力放到自己身上,他們就會跟父母頂嘴。要知道,大人對孩子的反駁,本身就是在尋求關注,而平時得不到關注的孩子,更願意用這種方式去贏得大人的關注。

對於孩子的頂嘴行為,父母只要裝作沒看見,孩子自然就不會頂嘴了。但是,只對孩子的頂嘴行為進行冷處理,孩子就會覺得父母不愛自己、不關心自己、不理自己,感到無助和沮喪。因此,在冷處理孩子的頂嘴行為時,父母要對孩子身上好

第十二章　和諧親子：慈愛有度，建立良好關係

的方面或表現給予讚美和鼓勵，與孩子進行情感交流，滿足孩子內心的需求。

> **我要對你說**
>
> 叛逆期的孩子開始獨立思考，但由於經驗有限，他們可能無法思慮周全，想法上就會有很多矛盾的地方，這時候，父母可以給孩子頂嘴的權利，同時幫助孩子樹立正確的是非觀念。面對孩子的頂嘴，父母應該寬容，不能為了面子而忽視孩子的「委屈」和「困難」，傷害孩子的自尊。其次，要耐心傾聽，真誠地回應孩子的不滿，及時做出分析，不要武斷地判定這是大逆不道的行為。

支持獨立思考，理性溝通

父母的需求是孩子談條件的籌碼。父母總是跟孩子說：「去把自己的書桌收拾一下」、「給我好好練畫畫」……。孩子就會覺得自己做事是為了滿足父母，然後就會拿條件來「要挾」父母，比如──

你不給我吃冰淇淋，我就不寫作業；下午帶我出去玩，否則我就不吃飯；讓我看一個小時電視，我就願意練琴；

…………

| 下篇　父母從容，孩子心理更健康 |

　　父母要淡化對孩子的期待，比如，孩子不寫作業，不要表現得比他們還急，要讓孩子明白那是他自己的事情，可以不寫，但會被老師責備或早上匆匆忙忙補寫作業，最終還要為自己不寫作業的行為負責。只要孩子意識到哪些事情是自己的事情、是自己必須做的，不聽父母的話吃虧的是自己，就會樹立起個人責任意識，不再和父母講條件。

　　生活中，很多父母都遇到過孩子跟自己談條件的情況，可是這次滿足了，下次孩子可能還會這樣，甚至還會得寸進尺；而不滿足孩子，孩子可能就真的不去做。孩子進入叛逆期，不再像小學階段那樣容易接受管教，尤其是在課業方面，總會跟父母談條件。這時候，脾氣急躁的父母就容易對孩子發火，這樣不僅不能讓孩子按要求去完成功課，反而會鬧得不愉快。看到孩子的成績無法進步，父母會更擔心。而即使父母感到無奈，孩子也會完全無視父母的焦慮，依然我行我素。

一、制定標準

　　如果孩子喜歡跟父母在課業方面談條件，父母千萬不要隨口附和孩子，否則，就會陷入一個惡性循環，即父母越想反駁孩子，孩子越會變著花樣對付你。這時候，其實只要制定標準，孩子就會完全就範。

　　所謂的制定標準，就是將跟孩子的生活與學習等有關的每件事，透過家庭會議的方式，制定統一的標準。需要注意的

第十二章 和諧親子：慈愛有度，建立良好關係

是，這不是只對孩子一個人專門制定的，而是全家人都應遵守的。

二、堅持原則

很多父母沒有原則，求著孩子用功，甚至擔心孩子出現危險行為，會不斷地遷就孩子，使孩子無底線地和父母講條件。事實證明，只要父母堅持原則，並堅持每週或半個月召開一次家庭會議，孩子都會慢慢改變。

父母只有堅持育兒原則，認真落實自己的管教職責，並率先垂範，才能建立合理的生活秩序。

鵬鵬是一名國二生，從國一開始，父母就發現他總愛在課業上談條件。

在學習家庭教育知識的過程中，他們就發現自己在管教方面犯了忌諱，那就是總愛和孩子講條件。當他們發現自己身上的問題後，就把制定規則放在首位，接著建立起家庭會議制度，父母堅持原則在先，鼓勵孩子參與家庭事務管理。

之後，他們發現孩子不像原來那樣總是將心思放在玩上面。家庭責任感的提升竟然是因為孩子參與了家務事，能夠幫助父母去分擔。鵬鵬經常被父母肯定與表揚，家庭親情日漸濃厚，家庭氛圍日漸溫馨。

三、讓孩子選擇

要想讓孩子端正生活與學習態度，提高時間管理的意識，

下篇　父母從容，孩子心理更健康

提高自控力，可以應用選擇法，賦予孩子在家庭生活中做事的選擇權。對於自己的選擇，孩子多半都不會再跟父母講條件，即使選錯了，他們也只能自己承受。

小雨是一個國三男生，在進入國一後，媽媽發現兒子總是跟自己講條件，就如刺蝟一般。比如，讓他少玩手機，他就會問，少玩手機，有什麼獎勵？讓他多吃點青菜，他就會說，可以多吃青菜，但要出去玩半小時。讓他自己洗衣服，他則會問，我自己洗衣服，替你減少了勞動量，你給我多少錢？

看到兒子如此，媽媽非常焦慮。

為了解決這個問題，媽媽想了一個辦法，就是讓孩子二選一或三選一。

比如，為了讓孩子自己洗衣服，媽媽會問兒子：「你是想洗衣服，還是想刷碗……？」兒子不喜歡刷碗，多半都會選擇洗衣服。因為這是他自己的選擇，所以他多半也不會跟媽媽講條件。

讓孩子從多個選項中做選擇，他們做事的主動性就會提高，更不會跟父母講條件了。

我要對你說

孩子主動跟大人講條件，最好的辦法是不接招。父母千萬不要在孩子一提條件時就立刻答應，更不要對孩子降低要求，最好的辦法就是拒絕孩子，比如：「媽媽，我 × 點之前做完作業，能看一下電視嗎？」這時，就拒絕孩子：「不

第十二章 和諧親子:慈愛有度,建立良好關係

可以,我們之前已經說好了,只有週末才能看電視。」孩子看到大人不接招,也就只能接受了。其實,有時候孩子提出條件時,只是想試探一下父母的底線,看看能不能突破而已,所以父母一定要堅持自己的原則。

國家圖書館出版品預行編目資料

化解青春期的衝突，叛逆不叛心：建立平等關係 × 灌輸正面價值……以「理解」代替「對抗」，成為孩子成長的引路人 / 潘苑麗 著. -- 第一版. -- 臺北市：樂律文化事業有限公司，2025.01
面；　公分
POD 版
ISBN 978-626-7644-28-7(平裝)
1.CST: 青少年心理 2.CST: 青春期 3.CST: 親子關係
173.1　　113020620

電子書購買

爽讀 APP

化解青春期的衝突，叛逆不叛心：建立平等關係 × 灌輸正面價值……以「理解」代替「對抗」，成為孩子成長的引路人

臉書

作　　　者	潘苑麗
責任編輯	高惠娟
發　行　人	黃振庭
出　版　者	樂律文化事業有限公司
發　行　者	崧博出版事業有限公司
E - m a i l	sonbookservice@gmail.com
粉　絲　頁	https://www.facebook.com/sonbookss/
網　　　址	https://sonbook.net/
地　　　址	台北市中正區重慶南路一段 61 號 8 樓

8F., No.61, Sec. 1, Chongqing S. Rd., Zhongzheng Dist., Taipei City 100, Taiwan

電　　　話	(02) 2370-3310	傳　　　真	(02) 2388-1990

律師顧問：廣華律師事務所 張珮琦律師
定　　價：375 元
發行日期：2025 年 01 月第一版
◎本書以 POD 印製